U0152087
9789575472153

張肇祺教授著

治學的基本方法

文史哲出版社印行

國立中央圖書館出版品預行編目資料

治學的基本方法 / 張肇祺著. -- 初版. -- 臺北
市 : 文史哲, 民82
面 ;   公分
ISBN 957-547-215-2(平裝)

1. 閱讀法

019.1　　82002781

治學的基本方法

著者：張肇祺
出版者：文史哲出版社
登記證字號：行政院新聞局局版臺業字五三三七號
發行人：彭正雄
發行所：文史哲出版社
印刷者：文史哲出版社
台北市羅斯福路一段七十二巷四號
郵撥〇五一二八八一二彭正雄帳戶
電話：三五一一〇二八
實價新台幣二〇〇元
中華民國八十二年四月初版

ISBN 957-547-215-2

治學的基本方法　目次

張肇祺教授著

作者簡介

張肇祺教授，字子安，號平沙，四川射洪人，民國十四年（一九二五）生，成都華西協合大學哲史系，陸軍官校二十二期畢業。民國三十八年來臺後，其詩作與文學藝術之論評等文章，皆刊於國內各報刊。及任「筆滙月刊」社長後其寫作範圍更爲擴大。至五十三年起主編「國魂」月刊十五年並兼新中國出版社總編輯；其哲學與文化之專著，文學與藝術等著作均載於該刊每期與國內各報刊。張氏自六十年受聘爲中國文化大學哲學系與哲學研究所專兼任教授，主講「美學」、「文藝美學」、「文化哲學」、「研究方法」、「宗教藝術哲學科學討論課」等。張氏幷曾任考試院高等考試典試委員，臺大哲學研究所考試委員等。一九九〇年被聘爲美國西南大學文止戈綜合學院評鑑委員。

張氏一生從不申請任何種獎，民國七十八年中國畫學會評選委員會全票通過贈張氏以理論家金爵獎。張氏自四十八年起，從學當代哲人方東美先生，至先生過世，達十八年之久。張佛千先生紀念方先生文稱：「方門諸賢謂張氏爲隨侍先生最勤謹者，先生愛重特深。」方先生歸道山之際，曾於病房中屏却諸人，獨留長子方天華與張氏交代事宜。所以張氏在其學術生命中，以闡揚光大方先生「生生之學」與美學爲一生之志。晚近張氏對中西哲學與文化、美學、詩與畫之研究，尤致力深入以上達「窮高以樹表，極遠以啓疆」之境。張氏重要著作有：

一、傳統與現代

二、論人

三、一個原始統會的中國人性論

四、「六藝——易——生生」概念的內外結構

五、中國心靈的符號世界
六、周易——易象符號系統與太極
七、中國人文世界的展開
八、當代哲學的主流與其所面對的問題
九、萊布尼茲整體生命動力機體和諧哲學的形上基礎
十、西方文化哲學的透視
十一、論文化學之建立
十二、符號知識在西方心靈的展現
十三、人的哲學與科學的哲學
十四、比較——的方法之心靈的探索
十五、當代中國哲學
十六、方東美先生的哲學信仰與其「生生」哲學之建立
十七、美學與藝術哲學論集
十八、詩・象徵——與美的理想之追求
十九、中國繪畫的理想世界
二十、范寬「谿山行旅圖」的心靈美
二十一、郭熙「早春圖」偶記
二十二、觀「谿山清逸圖」記
二十三、石濤的繪畫美學
二十四、人爲什麼嚮往宗教……等。

皆見其博洽古今，融貫中西之學養，以推陳出新，自開生面。是以張氏「生生之學」——其「緒論」有前言、導論、原理等；其第一卷「生生」生命文化體系：爲「符號、指涉、存存」等問題之討論；第二卷「生生」生命文化原理：爲「史——六藝——諸子」人文文化根本理想之提出；第三卷「生生」生命體系原理與理想之運作：爲「主體、建構、發展、顯現、綜合、統會、玄之又玄、再建、多重反省、不斷創新」之「人文化成」整體建立；其「結論」則匯而爲「生生」生命之文化學。

導言

壹

這幾天，我在想：這本書——「治學的基本方法」——的「導言」，要從那裡說起。這使我想起宋代通儒——大學問家的溪西逸民鄭漁仲先生，曾經在他的通志總序中說過這樣的話：

「學術造詣，本乎——

心識；

如人入海，一入一深。

會通之義，大矣哉！」（鄭樵，通志總序）

這個心識——要靠治學的本領。

這個會通——要靠治學的功夫。

他以這個本領與功夫，來衡量：——

司馬遷的史記與

班固的漢書說：「司馬氏世司典籍，工於制作，故能上『稽』仲尼之意，『會』詩書……之言，『通』黃帝堯舜至於秦漢之世，勒『成』一書，分爲五體……使百代而下，史官不能易其法，學者不能舍其書。六經之後，惟有此作。自春秋之後，惟史記擅制作之規模，不幸班固非其人，遂失——『會通』之旨。司馬氏之門戶，自此衰矣！史記一書，功在十表。班固『不通』，旁行邪上，強立差等，斷漢爲書。凡六世之前，盡竊遷書，不以爲恥。固之自爲書也，幾希！掠人之文，皆固之作俑也。後來史家，奔走班固之不暇，何能測其淺深。遷之於固，如龍之於豬。劉知幾之徒，尊班固而抑馬。且善學司馬遷者，莫如班彪。」（鄭樵通志總序）

由此乃見出：爲學之通與會通之難，以及學術造詣本乎「心識」之不易。

然

心識——必在「讀、疑、問、思、知、感、通、説、寫、行之功夫都做到了，做盡了」（本書）之後才會產生；也必須在「積、漸、熟」（本書）之中才能培養出來。

尤其，談「會通」——更不易；而會通，又必先經過一門一門的「通」了之後——專通與精通都經過了之後，才能談會通。

然而要「專通與精通」，就當先求：「通」。在「通」了後，才能講「會通」。周易繫辭傳謂：「聖人有以見天下之動—而觀其：會通；以行其：典禮。」這個「會通」，其命意之所在，又在那裡？

所以，我在本書中，把「通」分爲七大層次，以見出今天之所謂「通」之者應該如何去加以把握，才謂之「通」。然後再談「會通」，然後再談「通才」問題，也許才更有「眞積力久則入」之功。

太史公在五帝本紀中就說過：

「非好學深思，
心知——其：
意。
固難爲——
淺見、
寡聞者，
道也。」

這個「心知其意」，就是：鄭漁仲的「學術造詣，本乎心識」的「心識」之所由來。是以，「心識」之養成，至少必須具備：

學問
才氣　三方面
識斷

這三者，都要從學問的精與博雙向發展開始。因此，談學問，當然要從「學」—讀書開始。因爲學在書中，讀書乃在其專；而「學之不專者，爲書之不明；書之不明者，爲類例之不分。有專門之書，則有專門之學；有專門之學，則有世守之能。」（鄭樵，通志二十略，校讎略）所以小戴禮記的學記，荀子的勸學，這兩篇文章確有「世守之能」，實乃是中國人今天治中西學問所首先，而又必須讀得「字字見血」的二大典籍。因爲這二大典籍能讀得「字字見血」時才會「心」知「學問、才氣、識斷」的「意」之所在，而眞正「心」識—「學術」的造詣是什麼，以及「會通之義」又是什麼。的確，在「學記」、「勸學」的二大治學瑰寶中，所告訴我們的「學問、才氣、識斷」是什麼，就足以供我們：心識—「治學」之取之不盡，用之不竭。

貳

「勸學」篇中，所說的「學」之所以要「勸」之者，因爲在荀子乃是：

㈠「學，不可以已。博學而日參省乎己，則知明而行無過。不聞先王之遺言，不知學問之大。」

㈡「神，莫大於化道。」

㈢「終日而思，不如須臾之所學。登高之博見，善假於物。」

㈣「物各從其類，愼其所立。物—類之起，必有所—始。」

㈤「積善成德，而神明自得，聖心備焉。」

㈥「不積小流，無以成江海；功在不舍。鍥而不舍，金石可鏤，『用心一』也。」

㈦「是故無冥冥之志者，無昭昭之明。故君子『結於一』也。」

㈧「眞『積力久』，則『入』。」

㈨「君子之學也，入乎耳，箸乎心，布乎四體，形乎動靜。故君子：居，必擇鄉；遊，必就士。所以防邪僻，而近中正。」

㈩「古之學者，爲己；今之學者，爲人。」

(十一)「君子之學也，以美其身。小人之學也，以爲禽犢。」

(十二)「學，莫便乎近其人。學之經，莫速乎好其人。故必由其道至，然後接之。故禮恭，而後可與言『道之方』；辭順，而後可與言『道之理』；色從，而後可與言『道之致』。」

(十三)「『倫類』不通，『仁義』不一，不足謂善學。」

(十四)「學也者，固學『一』之也。一出焉，一入焉，涂巷之人也；『全之，盡之』，然後學者也。」

(十五)「君子知夫：不『全』，不『粹』之不足以爲『美』也。」

(十六)「故—誦數，以『貫』之；思索，以『通』之；爲其人，以『處』之；除其害，以『持養』之。」

(十七)「是故：權利，不能傾也；群衆，不能移也；天下，不能蕩也。生乎由是，死乎由是，夫是之謂—德操。」

(十八)「德操，然後能定；能定，然後能應。能定、能應，夫是之謂—成人。」

(十九)「君子，貴其『全』也。」

這個「貴其全」是在—「結於一，學於一」，「眞積力久」之後，是在一門一門的「倫類」通了之後，「仁義」一了之後，還要「全之，盡之」以求其—「通」之，「粹」之，始能達到—學的：「全」、「盡」、「粹」而至於「美」，以至於「神，莫大於化道」之境的「神明自得，聖心備焉！」

這個就在如何以「貫」之，「通」之，「處」之，「持養」之，而「能定」、「能應」以「貴其全」。

然而，又如何貫之？「誦：數—以貫之」。又如何通之？「思：索—以通之」。誦「數」以「貫」之者，在其「全」也；思「索」以「通」之者，在其「盡」也；此乃「會通」而「心識之」—「心知其意」之所在者。故其「粹」之者，尤在其「爲其人以處之，除其害以持養之。」如此—「全」之，「盡」之，「粹」之乃足以爲「美」也。

如此：「通—會通」而「心識—心知其意」尤在「善假於物，各從其類，愼其所立。物類之起，必有所始。」

所以，荀子在說了「用心一」也，「結於一」也，「固學一之也」之後，就緊接著說：「一出焉，一入焉，涂巷之人」也—此乃一大「蔽」也。所以，他要說：「全之，盡之，然後學者也。君子知夫不全不粹之不足以爲美也。故：誦『數』—以貫之；思『索』—以通之；爲其『人』以處之；除其『害』—以持養之。」

爲此，荀子又才在「解蔽」篇中提出了他的整體理論—「全之」、「盡之」、「粹之」的系統說明：「夫『道』者，體—『常』，而盡—『變』；『一』隅，不足以『舉』之。故『治』之要，在於知：道。人，何以知道？曰：心。心，何以知？曰：虛、壹、而靜。心，生而有知；知，而有異。異也者，同時兼知之；同時兼知之，兩也；然而，有所謂『一』——不以夫『一』，害此『一』，謂之『壹』。虛，壹，而靜，謂之大清明。」此——『壹』者：在「全」之，「盡」之，「粹」之，「貫」之，「通」之而至「爲其人以處之，除其害以持養之，善假於物，各從其類，愼其所立」，而不蔽於「一」方足以爲「美」。如此：「心識—心知其意」，而「通」之，而『會通』之，而「全」之，「盡」之，「粹」之；而「壹」之，自然就是能「大於化道」「貴其全」的「能定，能應」的「成人」。

然而老子言：「致：虛—極，守：靜—篤；萬物並作，吾以觀：復。道：生一；一、生二；二、生三；三、生萬物；萬物、負陰而抱陽，沖氣以爲和。天—得：一，以清；地—得：一，以寧；神—得：一，以靈；谷—得：一，以盈；萬物—得：一，以生。是以：聖人—抱：一，爲天下式。」孔子曰：「天下之動，貞夫一者也；一，致；而百，慮。吾道，一以貫之。」墨子經說下曰：「一主存者，以問所存；一主所存，以問存者。」此老孔墨之「一」，非荀子之「一」也，更非荀子之「壹」也。老孔墨之「一」乃從「道」而來，爲天、地、神、人之根本動力因。故莊子「天下篇」所言：「古之所謂：道—術者，果惡乎在？無乎不在。曰：神—何由降？明—何由出？聖—有所生，王—有所成。皆原於：一。」此「一」者，神、明之所降與出，亦宗，精、眞之所在也。此「一」者，亦聖，王之所生與成者也。故此「一」，道術也；無乎不在也。是以許愼說文曰：「惟初大始：道立於一，造分天地，化成萬物。」而荀子之「一」—乃種、類、系也。荀子之「壹」—乃一切種、類、系之至高存在模式。此王弼之所以言：「物旡妄然，必由其理，統之有宗，會之有元；繁而不亂，衆而不惑。故自統而尋之，物雖衆，則知可以執一以御也；由本以觀之，義雖博，則知可以一名舉也。」（周易略例）

至於，韓非言：「虛者，謂其意無所制。然治—人者，其思慮：靜。知事—天者，其孔竅：虛。思慮靜，故德不去；孔竅虛，則和氣日入，故日重積德。積德，而後神：靜。是以，聖人愛精神而貴：處—靜。」（解老）

以是，「虛」，則其心之「知」必求：全；「壹」，則其心之「知」必求：盡；「靜」，則其心之「知」必求：粹。故：虛則全，壹則盡，靜則粹。如此，其內在主觀精神世界：其「淸」必大；其外在客觀存在世界：其「明」必大。故曰：「虛、壹、而靜謂之大淸明」。蓋其心：內知之淸與外知之明乃一整體世界而不可分。如此，體常，則「全」；變，則能「盡」；不限一隅，而所「治」之要，則「粹」。如此—故所知之道：則爲一「大淸明世界」也—能如此，乃足以爲「美」之所以美之者。

凡此，皆「神—明」自得之道，「聖—心」備焉之人。

是以，「神、明—自得」之：道—在孟子則曰：「君子，深造之以『道』：欲其—『自得』之也。自得之，則居之安；居之安，則資之深；資之深，則取之左右逢其源。故：君子欲其自得之也。」（離婁）

是以，「聖—心，備焉」之：人—在孟子則曰：「始條理者：治之事也；終條理者，聖之事也。可欲之謂善，有諸己之謂信，充實之謂美，充實而有光輝之謂大，大而化之之謂聖，聖而不可知之之謂神。夫君子，所過者，化；所存者，神；上下與天地同流。」（萬章—盡心）這就是「觀於海者，難爲水。遊於聖人之門者，難爲言。觀水—有：術；必觀—其：瀾。日月有：明；容光必：照焉！流水之爲物也，不盈科不行；君子之志於道也，不成章不達。」（盡心）因爲「原泉混混，不舍晝夜，盈科而後進；放乎四海，有：『本』者，如是。是之取爾！」（離婁）

是以，荀子的「勸學」之「言」，乃孟子之「言」的「不舍晝夜，盈科—而後進」之言也。孟子之—「言」學也：「原泉混混，不舍晝夜」。荀子之—「言」學也：「放乎四海，有本者，如是」。孟子之「言」學也：「觀於海者，難爲水；遊於聖人之門者，難爲言」。荀子之—「言」學也：「觀水—有：術；必觀—其：瀾。日月有：明；容光必：照焉！」

故所謂：「通—會通」，「心識—心知其意」者，何其難也哉！所以太史公才說：「非好學深思，心知其意，實難爲淺見寡聞者道也。」其此之謂也。因此，荀子的「治學」，是在人文精神的起點上往前走。孟子的「治學」，是在人文精神的境界上追求完成。荀子之「治學」也在由「學」以知：「道」。孟子之「治學」也在深造之以：「道」而自得之也。此二者，乃一貫而不可分：由「學」以知「道」而至深造之以道而自得。此即孔子的「下學而上達」——「吾十有五而志於學，三十而立，四十而不惑，五十而知天命，六十而耳順，七十而從心所欲不踰矩。」——「知我者，其天乎？」（論語）

叁

至於小戴禮記「學記」篇的「學」，之所以爲「學」，而記之者：

㈠學——「化民成俗，其必由學乎！人不學，不知道。雖有至道，弗學，不知其善也。故學，然後知不足；教然後知困。知不足，然後能自反也；知困，然後能自強也。故曰：教學相長也。」

㈡古之教者大學之道——「1.一年：離經辨志，2.三年：敬業樂群，3.五年：博習親師，4.七年：論學取友謂之小成，5.九年：知類通達，強立而不反，謂之大成。」

㈢教之大倫——「1.敬道也，2.官其始也，3.孫其業也，4.收其威也，5.游其志也，6.存其心也，7.學不躐等也。凡學，官先事，士先志。」

㈣大學之教也—「時：1.教必有正業，2.退息必有居學。3.安弦、安詩、安禮、樂學。4.君子之於學也—藏焉、修焉、息焉、遊焉，5.安其學而親其師，6.樂其友而信其道，7.離師輔而不反。」

㈤今之教者—「教之不行：1.呻其佔畢，2.多其訊，3.言及于數，4.進而不顧其安，5.使人不由其誠，6.其施之也悖，7.其求之也弗，8.隱其學而疾其師，9.苦其難而不知其益，10.雖終其業而去之必速。」

㈥教之所由興—「大學之法：1.禁於未發之謂『豫』，2.當其可之謂『時』，3.不陵節而施之謂『孫』，4.相觀而善之謂『摩』。」

㈦教之所由廢—「大學之象：1.發，然後禁，則扞格不勝，2.時過，然後學，則勤苦而難成，3.雜施，而不孫，則壞亂而不修，4.獨學，而無友，則孤陋而寡聞，5.燕朋，逆其師，6.燕辟，廢其學。」

㈧爲人師—「君子既知教之所由興，又知教之所由廢，然後可以爲人師。君子知至學之難易，而知其美惡，然後能博喻，能博喻，能爲人師。」

㈨君子之教喻—「道而弗牽，強而弗抑，開而弗達。道而弗牽，則和。強而弗抑，則易。

開而弗達，則思。和、易，以思，可謂善喻矣。」

(十)學者有四失——「人之學也：或失則多，或失則寡，或失則易，或失則止。此四者，心之莫同也。知其心，然後能救其失也。教也者，長善而救其失者也。」

(十一)善教者——「使人繼其志——其言也：約而達，微而臧，罕譬而喻；可謂繼志矣。」

(十二)凡學之道——「嚴師爲難：師嚴，然後道尊。道尊，然後民知敬學。」而此嚴者，乃同時具有道德、學問、教法之謂也。師嚴者，乃爲師者在此三端之自我要求之嚴也，故曰師嚴。凡自我要求在道德、學問、教法極嚴之老師，必自自己之嚴始，乃能爲嚴師。如此之嚴，始乃爲鄭玄所注：「嚴，尊敬也」之義可也。故嚴師者，其嚴，必在道德，教法皆有其至高之修養外，其學問必有基礎訓練，高深訓練，尤在其學問之獨到。

(十三)進學之道——「善學者，師逸而功倍，又從而庸之；不善學者，師勤而功半，又從而怨之。善問者，如攻堅木，先其易者，後其節目；及其久也，相說以解。不善問者，反此。善待問者，如撞鐘：叩之以小者，則小鳴；叩之以大者，則大鳴；待其從容，然後盡其聲。不善答者，反此。記問之學，不足以爲人師——必也聽語乎！力不能問，然後語之；語之，而不知，雖舍之可也。古之學者：比——物，醜——類。或源也，或委，此之謂務本。」

(十四)有志於學者之上達——「大德，不官；大道，不器；大信，不約；大時，不齊。察此四者，可以有志於學矣。」

我們從「學記」中的「學」之所以爲「學」，可以看到中國人的「學」—學習、教育、研究是從：「化民成俗—知：道—至道—自反—自強」的學習，是必須經過「離經辨志，博習親師，論學取友，知類通達，強立而不反」的不同階段之教，都要從「敬道，官其始，孫其業，收其威，游其志，存其心，學不躐等」的不同系統之教，在「大學之教也—時」中要：「正業、居學、安弦、安詩、安禮、樂學」而「於學也—藏焉、修焉、息焉、遊焉」以「安其學而親其師，樂其友而信其道，離師輔而不反。」始乃當知「今之教者」的「教之不行」的九大點，而明瞭「教之所由興」的「大學之法」的四大點，以及「教之所由廢」的六大點，方乃「可以爲人師」，而「善喻」，以掌握「學者有四失」而「長善而救其失」，乃作一個「善教者」。如此以了解「凡學之道」：何以「嚴師爲難」。何謂「嚴師」的眞正意義之所在。如此以了解「進學之道」：「善學、善問、善答」以指出「古之學者—比：物；醜：類」，「或源也，或委也；此之謂務本」。最後，終於提出「有志於學者」之上達：「大德，不官；大道，不器；大信，不約；大時，不齊。」的—大德，不德（官）；大道，不道（器）；大信，不信（約），大時，不時（齊）的中國人文生命的至高形上超越世界—本體、宇宙、知識、價値系統的超越。

這是不是有點像老子的「大方無隅，大音希聲，大象無形」呢？這是不是儒道兩家的「共命慧」（方東美教授，哲學三慧）呢？此孔子之所以稱老子「其猶龍乎」的道理。所以，大戴禮記「哀公問五義」中，孔子說「所謂聖人者：知——『通』乎大道，『應』變而不窮，能『測』萬物之情性者也。道者，所以變化，而凝成萬物者也。情性也者，所以理：然，不然；取，舍者也。故：其事大——配乎天地，參乎日月，雜於雲蜺，總要萬物，穆穆純純——『其』：莫之能循，若天之司：莫之能職。百姓，淡然：不知其善。若此，可謂聖人矣」。此中國人文生命的至高形上超越世界之根本精神所在也。

肆

了解了以上各點，我們再看章學誠接著——周易的：「聖人有以見天下之動，而觀其會通」與「天下之動貞夫一者也」。老子的：「言，有宗；事，有君」。學記與勸學篇之「學」。太史公的「通」——「心知其意」。鄭樵的——「心」識：「會通」之義之後而實齋先生始言：「曾子眞積力久，則曰：『一以貫之』；子貢多學而識，則曰：『一以貫之』。非眞積力久與多學而識，則固無所據爲一貫之也。」（文史通義，原道）

今之「言『學』者，不知持風氣，而惟知徇風氣，且謂非是不足以邀譽焉，則亦弗思而

已矣。」（文史通義，原學下）

因此，「學，在自立。學貴博而能約，未有不博而能約者也，未有不專而可學者也。學與功力實相似而不同，學不可以驟幾，人當致攻乎功力則可耳。夫學有天性焉，有入識最初而終身不可變易者是也；學又有至情焉，有欣慨會心而忽焉不知歌泣何從者也。功力有餘而性情不足，未可謂學問也；性情自有而不以功力深之，所謂有美質而未學者也。是以：學，必求其心得；業，必貴於專精；類，必要於擴充；道，必抵於全量；性情，喻於憂喜憤樂；理勢，達於窮變通久；博而不雜，約而不漏，庶幾學術醇固，而後於守先待後之道，如或將見之矣！」（文史通義、博約、上、中、下）

然「通人之名，不可以概擬也。有專門之精，有兼覽之博，各有其不可易，易則不能爲良；各有其不相謀，謀則不能爲益。然『通』之爲名，蓋取譬於道路，四衝八達，無不可『至』，謂之通也，亦取其『心』之所『識』，雖有高下，偏全，大小，廣狹之不同，而皆可以達於『大道』，故曰：通。」（文史通義，橫通），章實齋的這些話把鄭夾漈的「心識」—學術造詣的「如人入海，一入一深」的內在面貌，加以層層托顯，是乃呈現出；通—一貫而通，而會通—「統之有宗，會之有元」的統宗而又會元的根本意義之所在。如此，以「部次條別，辨章學術，考鏡源流，非深明於：『道術』精微，『群言』得失之故者，不足與此。」

（章學誠：校讎通義）此「會通：一、宗、元、通、心知其意、心識」的根本意義之所在也。

伍

所以，我在這本「治學的基本方法」中，就是從這個——「心識」的取境，來談九個問題：

㈠學術「研究本身」的任務。

㈡學術「研究方法」的一般了解。

㈢「哲學研究方法」的根本意義。

㈣何謂治「學」。

㈤治「什麼學」。

㈥治學的「功夫」——「積、漸、熟」。

㈦治學的「要訣」——「讀、疑、問、思、知、感、通、說、寫、行」。

㈧治學的「門徑」——「生命的至高上達」。

㈨治學的「方法」——1.決定問題，2.掌握資料，3.運作思維，4.使用方法，5.完成表達，6.引歸生命本身。

在這幾個問題中，治學的：「功夫—要訣—門徑—方法」都是「如何治學」的基本問題。

在這個如何治學的基本問題中，「治學的要訣」——「讀、疑、問、思、知、感、通、說、寫、行」乃「治學的基本方法」的根本。因此，在本書中就是以談：讀、疑、問、思、知、感、通、說、寫、行的問題為主。

但是，治學的方法，治學的基本方法，每個治學的人，都有他自己的「心識」，都有他自己的「造詣」，都有他自己的「通」，都有他自己的所以「通」，都有他自己的所以為之「會」——而通之之所以通之者。

因此在本書中所談的，也不過是：「一」——得之「見」而已。非敢以「好學深思，心知其意」的「心識」之言而自是也。至於本書「外篇」：

㈠「大其心：以體天下之物」一文——在提出治學者所當具有的一個心態，一個必須具有的基本心態。

㈡「中華人文生命中之『師』『儒』傳統」一文——在表明中國人文文化中的一個六藝人文文化的基本傳統——在傳：「賢與道」、「心與體」、「道與器」、「尊德性與道問學」、「師與儒」是一個不可分的一體存在，都在於由「學」以知「道」、造「道」。

㈢「比較——的方法之心靈的探索」一文是把「中國人的比較心靈」與西方的「比較」——的知識性思考，對比而考察，進而追求中西比較的方法之形上探本與運作意義，以建立一個廣大的「比較」——超越的比較心靈，乃以之觀照：自然的一體性，而在實在本質的機體存在——巨視與細觀之整體比較心靈的超越。

從這裡，我們才更看出：「學——治學」正是一個不斷「超脫——超越——超升」以遊於「無何有之鄉，廣莫之野」（莊子，逍遙遊），「安排而去化乃入於寥天一」（莊子，大宗師），「自提其神於太虛而俯之」的宇宙生命探險歷程：蓋「道未始有封，萬物皆照，寓諸無竟。」（莊子，齊物論）所以，莊子才在「人間世」中說仲尼對顏回曰：「若『一』：志——無聽之以：耳；而聽之以：心。無聽之以：心；而聽之以：氣。聽——止於：耳；心——止於：符。『氣』也者：虛——而待『物』者也。唯『道』，集——虛。虛者，心齋也。」這就是說：在治「學」之中，我們要集中我們心之所向在一點上，而投注於所治之學的理想之上，不要只停留在感覺的認知之中，僅僅累積所學的知識而已；還要超脫「覺知」——經驗之知，而進入「心知」——心識的境地，去不斷培養所治之學的功力。但是，還不夠，還要超越理性的知——「心識」（對境的符號世界）而進入「氣」——空靈的「知」：心靈的完全開放世界。因為「虛而待物」的「待」；是那個「心」在空靈，開放的世界中，受而不藏、超脫「覺知」——化掉，超越「心知」——上達於：「道」的本身之中。故老子說：「為學日益，為道日損——損之，又損；以至於無為。無為，而無不為。」易繫與孔子說：「易，无思也，无為也；寂然不動；

感—而遂：通天下之故」—「毋意、毋必、毋固、毋我。」孟子說：「夫君子：所過者，化；所存者，神。上下與天地同流。」荀子說：「神、莫大於化道。」「道」，是什麼？「道」，就是生命的不斷超脫，超越，越升而入於「萬物皆照—寓諸無竟」之中。所以：「唯『道』集；虛。」虛，就是心的空靈之所在；而這個心的空靈也就在：「道者，萬物之奧。」（老子）之中了。因爲「道，隱無名」—「道，常無名」：「樸」而已。唯「樸」—「道」：才「善貸且成」。這就是學記篇最後所說的：「大德，不官。大道，不器。大信，不約。大時，不齊。察此四者，可以有志於學之謂也。」

是以，先師東美方公「把學人研究學說的態度劃作三種：一如蚯蚓墾園；二如驪龍戲珠；三如老鷲摶雲。蚯蚓寄生園地，藏修息游，飫沃增肥，蟲壤交利。這是學人沉潛擩染的深功夫。驪龍得珠，內隱交縷，外顯妍狀，鑿破既傷其全眞，吞咽又恐遭呃逆，只得嗛吐拮攎，作態把玩。這是學人探索玄理奧義的姿態。廓落長空，浩蕩雲氣，老鷲振翼乘風，迴旋絕世，上凌縹緲煙霧，下掠碧海滄波，自在流眄，去來都無拘束，有時瞥閃雙眼，俯瞰荒峰隱隱，廢港悠悠，嘹唳數聲而已。此種『自提其神於太虛而俯之』的精神亦是學人不可或缺的要素。」（科學哲學與人生，第六章生命悲劇之二重奏）

故所謂「研究方法」，當然是指研究問題的方法，研究知識的方法，研究學術的方法，研究學問的方法。但是，我們又要不要在「研究方法」中對「研究的方法」—去加以研究。這個「研究的方法」之「方法的研究」，也就走向方法本身之研究。因此，「研究方法」，既是研究的方法，又是方法的研究。此二者，互爲涵攝，乃構成「研究方法」的整個內容指攝之所及。

所以，「研究的方法」，是——

一、如何讀書的方法——讀書的問題，是「學」的問題。這包括一門學問的兩方面：一方面是這門學問的「歷史知識」——「史」；一方面是這門學問的「經典知識」——「典」；既要博學，又要專精，才能獲得知識。所以，這是「學」的問題。

二、如何在一門學問中去研究問題，在研究中同時要注意它在書本以外各種問題的研究——研究問題的整體性，這是「思」考的問題。這個「思」考的問題，是在「解釋知識」—「判」；既要審問，又要愼思，才能解釋知識。所以，這是「思」的問題。

三、如何在一門學問中，選定問題，從事於寫作學術論文的方法——這是「立」的問題。

這個「立」的問題，是在「建立知識」──「義」；它必當從明辨而來，才能有所建立。所以，這是「立」的問題。

四如何把各類問題，建構成爲一個機體的體系，而著書立說的方法──這是「行」的問題。這個「行」的問題：是在「反照知識」─觀，「表達知識」─位，「實踐知識」─果，但都是要在「博學、審問、愼思、明辨、篤行」中，才能完成。所以，這是「行」的問題。

因此，「讀書、研究問題、寫論文、著書」的方法是要在「學、思、立、行」中去掌握「史、典、判、義、觀、位、果」：才能從歷史知識與經典知識中，獲得知識而解釋之，從而建立知識，反照知識，表達知識，實踐知識，並從而超脫、超越、超升而上達生命本身的至高境界。

因此，在「研究的方法」中，去思考「方法」時，去作─「方法的研究」時，必須了解「方法」是跟語言、文字、心理、邏輯、知識是一個內外涵攝的整體。所以對於自然、社會、人文的基本概念及其一般方法和特殊方法都得有一個基礎的訓練；這是方法的規範問題。從方法的規範中去考慮方法的：性質、原理、條件、基本、特徵、系統等，才能找到一門學問的方法模式。然後，我們才能在這門學問的「方法模式」中，建立起我們對知識的：獲得、闡揚、應用、創造、批判和表達的「研究的方法」。

我們如果再從一個「方法學」的觀點來看，「方法」也有：一般方法學、宗教方法學、哲學方法學、科學方法學（自然科學方法與社會科學方法），藝術方法學等；這是一個「方法學」的結構觀點。然而，我們又必須把握方法的「實質」。這個「方法的實質」是指：

1. 語言方法—在思想的表達中。
2. 心理方法—在思想的流動中。
3. 邏輯方法—在思想的形式中。
4. 知識方法—在思想的內容中。
5. 自然方法—在思想的所對中。
6. 思想方法—在思想的性質中。
7. 意義方法—在思想的判定中。
8. 理想方法—在思想的方向中。
9. 價值方法—在思想的定位中。
10. 功用方法—在思想的實現中。

所以，「方法」的原理、內容、技術、範圍、價值、應用等問題，最後就會走上一個「方法形上學」的無窮探本。這條路線—在現代的人中，可以從杜威的「思維術」到羅素的：

An Inquiry into Meaning And Truth」與「哲學中的科學方法」，而到詹姆士的「論思想流」，然後就是懷黑德的「思想的模式」，「理性的功能」，「歷程與實在」。最後，就是「方東美先生哲學嘉言」一書，所提供的將是一個整體的觀照。

是以，我的這個「治學的基本方法」，僅僅是「研究方法」的一個起點；希望它能爲你打開一個屬於你自己的：「治學世界」。

——中華民國八十二年（一九九三）、四月、四日，張肇祺於臺灣·台北·大屯山下「結廬」

研究與治學

以往五六年來，我跟哲學研究所同學們研究「研究方法」，差不多都是一開始就從「研究方法」本身的兩個方面來談，也就是從我個人對「研究方法」本身兩個方面的看法，同我個人所構成這門學問的一些不成熟的觀點與系統來開始。今年則不然，我想一開始，先談談「研究與治學」的一般問題，然後談「何謂治學」，然後談「治什麼學」，然後談「如何治學」。在「如何治學」中先談「治學的功夫」，次談「治學的要訣」，再談「治學的門徑」，最後談「治學的方法」。

我們知道研究與治學是分不開的，要研究必須要治學，要治學必須要研究；治學是研究的整體，研究是治學的全面或個別的運作與進行。所以，不管你研究的是什麼？與所治之學為何？你都得在治學的工作中，從事研究，才能謂之治學。所以治學這個問題實在是從事研究工作的人，所必需首先就要把握的問題。但是治學這個問題既太廣太大，而又極精極微。而且又因為所治之學的「學」，在今天中西文化交流中，所包括的範圍也太廣太大而又太精太微，再加上每一個人的所學都有所限制，要談這個問題，必然會掛一漏萬，而又不得其精微之所在。我個人也就是頗有如此之感受，也就是如此深深的感受到了這個問題的存在。因此，我們發現，有的人治學，往大處治，其治大要想大得來其大無外。有的人則往小處治，其治小要想小得來其小無內；前者，為高之所在；後者，為深之所在；前者為要想大得不能再大，後者為要想小得不能再小。你打算在你的治學方向上，往何處去治？是往「大」處治呢？還是往「小」處治呢？還是兩者兼而有之？

然而，研究的本身，就其任務而言，有四個方面：

一個是保存文化方面。

一個是解釋文化方面。

一個是創造文化方面。

一個是傳遞文化方面。

至於，研究方法從我個人的觀點來看，它就是研究「研究」與研究「方法」兩個工作；前者研究「研究」，就是研究「研究」的方法；後者研究「方法」，就是研究「方法」的研究。所以研究方法的一般意義應包括研究的方法與方法的研究兩個方面。研究的方法是指從事研究工作時所使用的方法，以及使用方法時，所涵攝的各種問題。方法的研究是指對於方法的各種研究，或以方法的觀點，將各種知識學問作爲方法來研究。

對於研究方法的一般了解，乃在我們研究任何一個對象，或任何一個問題，任何一門學問，任何一本書，或任何一篇文章，都是要去了解對象，發現問題，解決問題，把握知識，融貫書本與各類文章以建立自己的觀點，構成系統的學問；不管這個觀點或系統的學問是方的或是圓的，都要靠方法的運用才能達到；所謂不以規矩，不能成方圓。甚麼樣的對象，甚麼樣的問題，甚麼樣的知識，甚麼樣的書，甚麼樣的文章，就用什麼方法，這是單規式的方法運用。但任何一個對象、問題、知識、書或文章中所包涵的，雖然是以某一種知識爲主，然而同時也必然會涵蓋其他不同性質的知識而成爲一個系統的學問；這時，我們的研究方法已不能再停留在單規式的一種方法中，而是要用複規式的多種方法。所以，研究的方法，不患其多，而只患其少。研究工作要靠方法，而方法的獲得、闡揚、運用、表達、創造與批判更要靠研究；因爲只有在研究中才能獲得方法，才能闡揚方法，才能運用方法，才能表達方法，才能創造方法，才能批判方法。所以，方法研究的路線、取向、範圍、規程、模式，愈多愈好，也就是能從各種不同性質學問研究中去獲得、闡揚、運用、表達、創造、批判的各種方法。易言之，也就是要把一切學問作爲方法來研究以獲得、闡揚、運用、表達、創造、批判各種不同的方法而爲自己研究時所用，才能使自己「知識——學問」的獲得、闡揚、運用、表達、創造、批判與「建立」達到別人不易達到的境界。

所以在「研究方法」一研究課中，「研究的方法」與「方法的研究」是不能分開的，它是「研究方法」一體的兩面，「統之有宗，會之有元」而「一以貫之」。然而，「研究方法」如從哲學研究的立場來看，當然要從「哲學研究方法」說起。

哲學「研究方法」是研究學問，做學問，作學問的基點方法，基本方法，基礎方法。因為哲學研究方法是基點方法的研究，它可以把學問發展成為一套成線式的學問。因為哲學研究方法是基本方法的研究，它可以把學問推進成為一套成面式的學問。因為哲學研究方法是基礎方法的研究，它可以把學問建構成為一套立體式的學問。這是哲學研究方法的根本意義。

我們要研究「哲學研究方法」一定要從治學的入門訓練開始，更要把握住治學研究方法的目的之所在。

所以，我們治學，不僅是治哲學，也包括治其他的各種學問；哲學也才能成為哲學之所以為哲學。哲學研究方法，不僅是哲學研究的方法與哲學方法的研究，也包括其他學問的「研究方法」；不然哲學「研究方法」是封閉的、孤立的「研究方法」，也就不成其為哲學的研究與哲學的方法了。因為哲學在西方，它是統攝群學最高之學；既有根本的性質，更有思辨的性質，尤有綜合的性質。哲學在中國，則為「抱一」為天下式（老子）之學，尤為天下之動「貞夫一」（孔子）之學，更爲「一」主所存而「一同」天下之義（墨子）之學；既有「道之妙用」的性質，更有「易之元理」性質，尤有「愛之聖情」的性質。故中國哲學的性質，「道、元、愛三者雖異而不隔。」（方東美教授、「哲學三慧」）實乃「觀其會通」以「行其典禮」（周易繫辭傳）之學。故治哲學：貴通大義，辨源流，知途徑，統諸學，由知識，立方法，建價值，成體系，入於形上之道，而下貫整體之存在。

何謂治學？

何謂治學呢？——治者，理也。學者，知識與學問也；故古訓「覺」也，「識」也，「效」也，「悟」也。所謂「理」，就是用一個方法去「理」出一個頭緒，一個秩序，一個系統，一個條理。這就是孔子的「不以規矩，不能成方圓」。所以，孟子才說：「始條理者，智之事也；終條理者，聖之事也。」但是子夏在孟子之先就已說過：「有始，有卒者，其唯聖人乎？」因此，「君子之志於道也，不成章不達。」（萬章）所以我們開始去治學的條理，要從「智」的方面去學習與研究。這指知識的學習與研究，也就是以格物、致知爲主，亦就是以「自明誠」的「明」爲主；這是屬於「教」的問題。這個「教」就是禮記經解所說的：「孔子曰：入其國，其教可知也。其爲人也，溫柔敦厚，詩教也。疏通知遠，書教也。廣博良易，樂教也。絜靜精微，易教也。恭儉莊敬，禮教也。屬辭比事，春秋教也。」因此，在治學的成章以達之完成而要上達的境界中，更有它的條理，這個條理就是終條理、終條理所指向是「聖」的境界，這也就是研究方法的目的之把握，乃是他個人的心路歷程，也就是一個人在精神生命上的陶冶與潛修。這指生命內在的陶冶與潛修，也就是以誠意、正心、修身、齊家、治國、平天下的內聖外王功夫爲主，亦就是以「自誠明」的「誠」爲主，這是屬於「性」的問題。這個「性」就是「天命之謂性」的「性」，「分於道謂之命，形於一謂之性」的「性」，「窮理，盡性，以至於命」的「性」。所以，治學的「學」，既指知識的學習與研究，更指心靈的陶冶與潛修；要合此二者，中國人才稱之爲「學問」。故學記曰：「其必由學乎！人不學、不知道。」尚書兌命曰：「念終始、典于學。」其此之謂也。

所以梁啓超先生在他的「治國學的兩條大路」中所指出的，兩條大路是：

㈠文獻的學問，應該用客觀的科學方法去研究。

㈡德性的學問，應該用內省的和躬行的方法去研究。

總之，「治學」不僅是指西方知識所指的學習心理學、教育心理學所講的各種知識的學習以及各種學術知識的「研究方法」，而且指中國學問中論語的「學而時習之」的學，「大學」的學，中庸的「學而知之」、「好學近乎知」，「博學知」、「尊德性而道問學」的學，孟子的「未嘗學問」、「學則三代共之」、「博學而詳說之」、「學問之道無他，求其放心而已」的學，以及禮記「學記」的學，荀子「勸學」的學，莊子的「道可學耶」、「吾所學者」、「吾學先王之道」、「學者學其所不學也」、「學以爲人」的學，老子的「絕學無憂」、

「爲學日益」、「學不學」的「玄之又玄」的學，易經的「學以聚之，問以辨之，寬以居之，仁以行之」的「變易、簡易、不易」的學。所以孔子要說：「吾十有五而志於學，三十而立，四十而不惑，五十而知天命，六十而耳順，七十而從心所欲不踰矩。」——的「好學」、「固學」，「學而思，思而學」，「是知也」的學，「吾道一以貫之」的學，「發憤忘食，樂以忘憂」的學，「爲己」的學，「知之者不如好之者，好之者不如樂之者」的學，「學而不厭」的學，「講學」的學，「志於道，據於德，依於仁，游於藝」的學，「德行、言語、政事、文學」的學，「文、行、忠、信」四教的學，「博學而無所成名」的學，「毋意、毋必、毋固、毋我」的學，「空空如也」的學，「學如不及，猶恐失之」的學，「共學」的學，「爲學」的學，「願學」的學，「敏而好學」的學，「文質彬彬」的學，「下學而上達」的學，「多學而識之，一以貫之」的學，「以思，無益；不如學也」的學，「三衍、三戒、三畏、九思、三知」的學，「君子學道則愛人」的學，「好仁不好學，其蔽也愚；好知不好學，其蔽也蕩；好信不好學，其蔽也賊；好直不好學，其蔽也絞；好勇不好學，其蔽也亂，好剛不好學，其蔽也狂。」的學，「博學而篤志，切問而近思，仁在其中」的學，「學以致其道」的學，「仲尼焉學，焉不學」的學。總之，這些學所治的：既自誠明，亦自明誠；既治知識性的學，也治生命性的學；既治外在世界的學，亦治內在世界的學；而不可分，必須「吾道一以貫之」的學。

所以，顧憲成先生確能「認得一『性』字親切，即欲一毫『自棄』而有所不敢也。故曰：惟知性，然後可與言學。認得一『學』字親切，即欲一毫『自用』而有所不敢也。故曰：惟知學，然後可與言性。」（小心齋劄記）

治什麼學？

治什麼學？——治學，研究學問，研究問題的「學」，既指自然、知識、學術、經驗、道問學的學；更指生命、心性、行爲，尊德性的「學」。學記謂：「凡學、士，先志。人、不學，不知道。」這樣，就可看出我們治學，研究學問，研究問題的「研究」，應具有的基本態度與取向乃是：

志於道：形上原理的追求——是治學的目標。

據於德：宇宙模式的掌握——是治學的基礎。

依於仁：價值系統的建立——是治學的精神。

游於藝：生命大美的欣賞——是治學的內涵。

愛默生說：「美，是宇宙的創造者。」莊子說：「天地有大美而不言，聖人原天地之美，而達萬物之理。」但孔子早說：「乾，始能以美——利，利天下，不言所利，大矣哉！陰雖有美，含之，以從王事。君子黃中通理，正位居體，美在其中，而暢於四肢，發於事業，美

之至也。」（乾坤文言）

因此，我們所治之學，研究的學問，研究的問題，所指的「學」，它包括了：

方法之學——中西學問中的方法研究之學。

工具之學——中西學問中的工具之學。

基礎之學——中西學問中廣大基礎之學。

專門之學——中西學問中的精微專技之學。

高深之學——中西學問中的既有深度，更有高度的立體建構性之學。

所以，這個「學」，既指中學、國學、漢學、華學之「學」，也指從經、史、子、集之學而玄學而佛學而道學、理學、性學、心學而義理內容之學，考據工具之學，歷史文物典章制度之學，詞章表達之學，經世應用之學；也指西方的方法學、哲學、科學、藝術、道德、宗教之學。我們要治什麼「學」，就看我們自己的決定了。但是，我們不要忘記去治每一種「學」時，而每一種「學」在一般治學方法外還有它自己的治學方法以及它本身之所以成為那門學問的方法。

是故，凡治任何一種「學」，而能「不改其樂」（雍也），「聞一以知十」（公冶長），「有若無，實若虛，死守善道。」（泰伯）方謂之：「學」。

治學的功夫：積、漸、熟

在我們爲治學而從事研究的基本態度與取向之下，根據自己的性格與條件決定自己研究的目的之後，要了解從事研究的人所應具有「治學」的功夫、要訣、門徑、方法等。

所謂治學的「功夫」，是指從事研究中那種「積」的功夫，「漸」的功夫，「熟」的功夫。

「積」的功夫，就是荀子所說：「積土成山，風雨興焉！積水成淵，蛟龍生焉！」（勸學）；這乃指「學問」是由累積、聚積、儲積、重積、連積、習積、久積、心積、深積、廣積而成；要「日知其所亡，月無忘其所能。」要「溫故而知新」。所以沒有「積」：沒有累積、聚積、儲積、重積、連積、習積、久積、心積、深積、廣積的功夫，是不能成學的，是不能達到研究的目的。在「積」的功夫中，不急不躁，不矜不伐，持志有恆，終可成學。詩經敬之曰：「敬之敬之，天維顯思。日就月將，學有緝熙于光明。」故「聖學尚積」（惠棟、易微言）。是以易大畜之卦曰：「大畜：剛健，篤實，輝光；日新其德。」荀子所謂：「眞積力久則入」是也。孟子所謂：「充實之謂美」（盡心）是也。

「漸」的功夫，就是荀子所說：「學，不可以已！青，取之於藍，而青於藍；冰，水爲之，而寒於水。是故無冥冥（憤憤）之志者，無昭昭之明；無惛惛（緜緜）之事者，無赫赫之功。」這個「不可以已」的漸，冥冥的漸，惛惛的漸，是「眞積力久，則入」的久則明與久則功的「充實之美」。故易坤文言曰：「其所由來者漸也。」而漸卦更曰：「漸，之進也。進，得位；進，以正；動，不窮；往，有功。」繫辭傳亦曰：「易知則有親，易從則有功，有親則可久，有功則可大。」故凡久，必由漸來，無漸不能成久，無久亦不能成大。因此，漸是「不可以已」而要循序漸進，慢慢的，漸次的，連續的，從各方面去累積、積漸，而又久遠的，浸漬的，深深的，漸漸的由點而線，由線而面，由面而體，由體而宇宙之無窮與無限之理則可觀之於心也。故恆卦曰：「恆，久也；久於其道也。天地之道，恆；久而不已也。聖人久於其道，而天下化成。觀其所恆，天地萬物之情可見矣。」故孟子曰：「流水之爲物也，不盈科不行；君子之志（至）於道也，不成章不達。」（盡心）是以朱註「言學當以漸，乃能至也」。

「熟」的功夫，就是荀子所說：「鍥而『不舍』，金石可鏤，倫類不通，仁義不一，不足謂善學。學也者，固學一之也。全之，盡之，然後學者也。君子知夫不全不粹之不足以爲美也，故『誦』數以『貫』之，『思索』以『通』之，『爲』其人以『處』之，『除』其害以持『養』之；能定，能應，夫是之謂成人；君子，貴其『全』也。」故不舍則熟，能貫，能通，能一，能全，能粹，能處，能養，能定，能應必由熟而來；此荀子治學之心得也。因其知熟，故貴全。因其貴全，故必誦，必思索，必爲，必除其害而養之始謂成人。這也就是孟子的「君子，深造之以道，欲其自得之也；自得之，則居之安；居之安，則資之深；資之深，則取之左右逢其原，故君子欲其自得之也。原泉混混，不舍晝夜，盈科而後進，放乎四海，有本者如是，是之取爾。」熟，則能深造。自得，必來自熟；熟，則如原泉混混，不舍晝夜，有本者如是而資之則深，取之左右則逢原。此熟，也就是莊子的「緣督以爲經」（養生主）的庖丁解牛乃「以神遇，而不以目視。官、知止；而神，欲行。」凡此皆「熟」的功夫所使之然也。熟，則神。熟，則其技超其技而不限於其技之中。所謂熟能生巧，此巧是超乎知識、技術、方法、習慣之上，乃以神遇而不以目視。莊子在「達生」篇中，優游自在而不已於言者也。故觀千劍而後識劍，熟也；觀萬卷書而後識書，熟也。所謂「好（故）書不厭百回讀，熟讀深思子自知」（蘇東坡送安惇秀才西歸詩）。「讀書千遍，其義自見。」是不熟則不慣，則不精，則不審，則不深，則不成，則不純，則不化。故「書，須熟讀」（朱子）「讀書萬卷始通神。」讀「破」也，始能「妙萬物，而爲言者也。」（周易，說卦傳）。

故孟子曰：「其至，爾力也；其中，非爾力也。」（萬章）此乃所以「能與人規矩，不能與人巧。」（盡心）所謂「堯舜性之也。」（盡心）是已。

所以，從孔子的：「學而時習之，不亦悅乎？有朋自遠方來，不亦樂乎！人不知而不慍，不亦君子乎？」中來看，「積」的功夫要靠「學」，「漸」的功夫要靠「習」，「熟」的功夫要靠「悅」；故「學」，實乃孔子所謂的「知」之者；知之者，必積「學」。「習」，乃孔子所謂的「好」之者；好之者，必漸「習」。「悅」，乃孔子所謂的「樂」之者；樂之者，必熟「悅」。然而，「知之者，不如好之者；好之者，不如樂之者」。此道出治「學」之樂，實乃無上之逍遙境界也。然皆由知之而好之以來，不可躐等，所謂下學而上達者是也。以是，熟則泰，泰則「天地交而萬物通。」（泰卦）。熟，則柔，「柔得尊位，大中，而上下應之。」（大有卦）。熟，則感，「觀其所感，而天地萬物之情可見。」（咸卦）。熟則益，益則「日進無疆，其益無方，與時偕行。」（益卦）。熟，則萃，「萃，聚也，順以說，觀其所聚而天地萬物之情可見矣。」（萃卦）熟，則豐，「豐，大也，明以動。」（豐卦）

由「積」而「漸」，由「漸」而「熟」，所謂「君子之於學也，藏焉！修焉！息焉！遊焉！」（學記）是也。此實乃治學的基本功夫也；其他，則可舉一反三，旦暮得之可也。

治學十大要訣

所謂治學的「要訣」所指的，乃是在「積、漸、熟」的三大功夫中，要如何才能達到呢？這就是：「讀、疑、問、思、知、感、通、說、寫、行」十大要訣了。

一、「讀」

讀就是「吾嘗終日不食，終夜不寢，以思；無益，不如學也」的去「讀」。這個讀如不明白「我為什麼要讀？」的意義與理由就容易流於「泛濫無所歸」，或流於「玩物喪志」。用功讀書，如不得法，也祇是徒耗精力而已。

人，就是生長在不斷的學習與訓練歷程中。讀書，是自我學習與自我訓練的途徑之一。讀書要得法，也就是多多少少要對於「發生心理」、「生理心理」、「比較心理」、「實驗心理」等知識有所了解。如「心智的運用（How to use your mimd），學習過程（Learning process)、讀書法(How to study)、學習法(How to learn)、學習心理(Psychology of learning),這些書中所談到的,也可以幫助我們讀書得法。

當然,讀書要在身心方面與環境方面有所準備,是比較有效的。但是,萬一在某一個時間與地方都沒有讀書的條件時,那只要我有一書在手,往下讀去,更有一番滋味。

我爲什麼要讀書?我爲什麼要讀這本書?要讀什麼樣的書?都在於我們讀書的目的確定。

讀書的目的確定,是根據幾個方面:

㈠已往人類的智識——人,既然在不斷的學習與訓練的歷程中,人的讀書,當然也是漸次的、循序的、累積的。因此,人類已往的智識,是我們自我學習與訓練所不可少的。我要從書本中去獲得人類已往的智識就是我讀書的一個目的。

㈡現代社會的需要——人,是從過去而來。但是,他確生存在現代的社會中。現代社會是一個什麼樣的社會?我們如何去處理與解決生存在現代社會中的各種問題。這,不但需要過去的智識,也需要現代的知識。我們要在自己周圍的社會之外從書本中去獲得人類現代社會的知識,就是我們讀書的一個目的。

㈢個人的性向與興趣——人,是一個自我獨立、自我生長、與自我完成的生命。因此,每一個人都有他自己的性向與興趣。爲了使自我的獨立、生長、與完成得到實現,我們就得讀適合自己性向與興趣的書。我們從書中去獲得人類的自我獨立、生長與完成的學問就是我們讀書的一個目的。

當然，我在這裡所談的讀書目的，是就一般的來說；如就一個人的特殊情況與需要來說，那又多之又多了。總之，我們要想解決很多大小問題，都要靠讀書來獲得智識，作爲解決問題的憑藉。

我們讀書，有三個要件：①記憶。②練習③思考。讀書，就是要增多知識，做到「日知其所忘，月無忘其所能，可謂好學也已矣。」（論語，子張）的記憶，再進而把記憶的知識拿在「心」上去練習，或拿在「行動」中去練習，這就是「學而時習之」的學習。學習可以分爲觀察、試驗、實習等等。

讀書如只是記憶與練習，並不能算是已盡讀書的能事。在記憶與練習的過程中，要接上一個「思考」的功夫，所謂「學而不思則罔」，它的道理就是記憶與練習愈多，積「理」也一定愈富。積「理」，必定要從「思考」來。當然，也不要忘了「思而不學則殆」。（論語，爲政）。「思」的問題，我們在後面再談。

讀書，是一種有目的、有系統、有範圍的記憶、練習、思考的行爲。不過，記憶與練習都離不開觀察。我們也可以說：讀書是必須跟——「觀察」、「思考」、「修養」這三個功夫合起來方能構成為一個完全的讀書行為。

獲得技能，增進智識，修養身心是我們讀書的範圍。

讀書，有當「略讀」的書，只要記著它的內容和綱要。

讀書，有當「精念」的書，必須在記憶與練習之後，反覆思考、品味。

讀書，有「瀏覽」的書，如報紙，一般消遣的雜誌與書籍等。

讀書，有當「備查」的書，如字典、辭典、類書、百科全書等。

孔子說：「生而知之者，上也；學而知之者，次也；困而學之，又其次也；困而不學，民斯為下矣。」（論語、季氏）。我們當然不願做一個「困而不學」的人，最好做一個「困而學之」到「學而知之」的人。在「學而知之」到了一個相當的地步，也就會進入一種「生而知之」的境地。從此可見「學、必讀書，固孔門之遺法也。趙邠卿云聖人之道，學而時習。陸氏釋文云以學為首者，明人必須學也。」（陳澧東塾讀書記）。

讀書還要有四大精神：

㈠「收」的精神——把放出的「心」收起來，不再胡思亂想，去「靜」下心來，讀自己要讀的書。

㈡「簡」的精神——把貪多的「心」收起來，不再想一口氣讀完一切的書，去「定」下心來，讀自己應「讀」的書。

㈢「專」的精神——把分散的「心」收起來，不再想別的，去「安」下心來，集中心力，讀自己必讀的書。

㈣「恆」的精神——把「收」、「簡」、「專」的精神，一直貫徹下去，一日復一日，一月復一月，一年復一年，日積月累，奮志不懈，年年如此，不但讀書一定有成，而且「下學」一定可以「上達」，所謂「博學而篤志，切問而近思，仁在其中矣。」（論語、子張）。

總之，「博學、審問、愼思、明辨、篤行」實在是我們讀書的一個完整的系統，需要時時放在我們讀書的進程中，加以檢討與反省。從而明白讀者、學也。論語二十篇，以「學而時習之」五字爲首者，此也；故欲求讀之著實，「誠」是也。學之誠，當知自讀之「誠」始；故爲學自讀書始，讀書入，讀書大，讀書久。蓋：始、則能行。入、則能得。大、則能立。久、則能固。始、入、大、久——此孔門聖者氣象之所在也。故（先進）當子路言：「何必讀書然後爲學。」孔子痛之曰：「是故惡夫佞者。」

因此：

讀書是爲了獲得知識。

讀書是爲了學得技能。

讀書也是爲了充實、改善、創造自己生活的境界。

讀書更是爲了認識、建立、提高人類的理想。

在這樣的要求之下，我們要有怎樣的讀書態度呢？我們在獲得了知識之後，在學得了技能之後，在充實、改善、創造了自己的境界之後，在認識、建立、提高人類的理想之後，所要求一個人是什麼樣的一個人呢？是只做一個平凡的人呢？還是要做一個理想的人呢？我想，想讀書的人，都是想做一個理想的人。這是我們讀書時應有的一種態度。中國文化的一個根本傳統：人文治學的根本傳統——就是要用「學」、「知識」、「讀書」的力量來把一個「平凡」的人變化爲「理想」的人。因爲「人之初，性本善」，因爲「人人皆可爲堯舜」，因爲「腐朽可化爲神奇」，因爲「天地之性，人爲貴」。

所以古代的中國智慧指出：「人求多聞，時惟建事，學于古訓，乃有獲。事不師古，以克永世，匪說攸聞。惟學、遜志、務時、敏；厥修乃來。允懷于茲，道積于厥躬。惟斆、學半；念終始、典于學、厥德修、罔覺。」（尙書，說命十四，十三經本）

我且把這一段話，翻成我的「今譯」是：一個人要想知道得多，只有時時刻刻把握時機去觀察思考，修習自然中的、社會中的、心靈中的各種事物，而且更要對於以往古人的一切教訓，都要加以學習，才能眞正有所獲得。假如我們在認識與判斷，和處理事物時，連古人的教訓，和歷史的智慧都不放在眼中，而要一個人能夠永遠地充實、改善，創造自己生活的境界，而要一個社會能被我們永遠地認識，建立并提高人類的理想；像這樣的一種意見，實在是一種虛妄的意見。只有「學」、「知識」、「讀書」才能使我們的志向得到實現。要實現我們的「志」，第一要把握時間，第二要採取行動；如此，我們才能把一切都「修」到。我們在「學」、「知識」、「讀書」上，我們要長期的、誠誠懇懇的、實實在在的，對當前的事物，不論其爲自然的，或爲社會的，或爲心靈的都要盡力去觀察、思考、修習，而且還要用古人的智慧，歷史的教訓，以往那些永恆的價値作爲一個根本的指導，才能使得人類不朽的眞理從這樣的一種行爲實踐中慢慢累積起來得到完成。所以，一般的所謂「學、知識、讀書」的教學只能算是一半，另一半是要具有歷史上的智慧，不可忽視歷史生命的一貫下來，也是時時在變的，要自我去實現。因此，我們看一個問題，和我們讀書、研究學問，我們要從流溯源，知其如何開始，如何完成。都要把「學」、「知識」、「讀書」、「智慧」作爲基礎，這樣才在不知不覺中走上了一個理想的道路。

我們在這樣的一種取向之下，一個理想人的面貌又是一個什麼樣子呢？

「若稽古帝堯，曰放勳。欽。明。文。思。安安。允恭克讓；光被四表、格于上下。克明俊德，以親九族；九族既睦，平章百姓；百姓昭明，協和萬邦；黎民於變時雍。」（尚書、

堯典、十三經本）

這樣一個理想的人，正是孔子在周易乾文言中說的：「以美利利天下」的「大哉乾乎剛健中正純粹精也……以成德爲行……學以聚之，問以辨之，寬以居之，仁以行之」的理想人，也是「與天地合其德，與日月合其明，與四時合其序，與鬼神合其吉凶」的大人。

這樣的一個理想人，就是「爲能通天下之志」的「文明以建，中正而應」的「君子正也」（周易，同人，十三經本）的人。

在「古代」的記載中，要用禮、樂、射、御、書、數（小六藝）和詩、書、易、禮、樂、春秋（大六藝）來教人，以達到「習與智長」，「化與心成」（大戴禮保傅）。

這也是中國文化中所要建立的理想人。

一個人雖然不一定能達到這樣的一個地步，但是，成爲一個讀書人的一個態度，是要以做一個理想人爲讀書的最高目的，才能「取法乎上」而「得其中」。

「學不可已，博學而日參省乎己，則知明而行無過。生而同聲，長而異俗，教使之然也。神莫大於化道。吾嘗終日而思，不如須臾之所學也，善假於物。防邪避而近中正，物各從其類，愼其所立。積善成德，而神明自得，聖心備焉，用心一也。故君子結於一。眞積力久，則入。學也者，固學一之也。全之，盡之，然後學者也。故誦數以貫之，思索以通之，爲其人以處之，除其害以持養之。權利不能傾，群衆不能移，天下不能蕩。生乎由是，死乎由是，夫是之謂德操。德操然後能定；能定，然後能應；夫是之謂成人。君子貴其全也。凡人之患，蔽於一曲，而闇於大理。故治之要，在於知道。心合於道，說合於心，辭合於說，正名而期，質請（清）而喻，辨異而不過，推類而不悖；聽則合文，辨則盡故。」（荀子：勸學、解蔽、正名）

荀子的這種讀書態度，就是中國古代社會要讀書人做一個理想人的傳承，也是中國人的人文精神的一個起點。我們要讀書，是不是首先想該把握住這一點呢？

「夫人幼而學之，壯而行之。夫道，一而已矣。學則三代共之，皆所以明人倫也。君子深造之以道，欲其自得之也。自得之，則居之安；居之安，則資之深；資之深，則取之左右逢其原。博學而詳說之，將以反說約也。夫志，氣之帥也；氣，體之充也。持其志，無暴其氣。故我知言，吾善養吾浩然之氣。可欲之謂善，有諸己之謂信，充實之謂美，充實而有光輝之謂大，大而化之之謂聖，聖而不可知之謂神。夫君子，所過者化，所存者神；上下與天地同流。人之所不學而能者，其良能也。所不慮而知者，其良知也。君子之志於道也，不成章不達。執中爲近之。盡其心者，知其性也；知其性，則知天。」（孟子）

孟子的這種讀書態度，是要求中國讀書人的人文精神上達於自我的「浩然」世界，達到

「居天下之廣居，立天下之正位，行天下之大道，得志與民由之，不得志獨行其道。富貴不能淫，貧賤不能移，威武不能屈」的自我存在。在這樣的一個世界中「萬物皆備於我矣，反身而誠，樂莫大焉」！孟子這樣的精神世界和莊子的「獨與天地精神往來，天地與我並存，萬物與我爲一」的精神世界，都正代表了古代中國人的讀書態度所嚮往的境界。

要達到這樣的一個境界在於「發慮憲，求善良，化民成俗，其必由學。人不學，不知道。是故古之王者建國君民，教學爲先。凡學，官先事，士先志。教也者，長善而救其失者也。善教者，使人繼其志。」（小戴禮、學記）

所以，我們讀書，是爲自己的理想而讀書。一般人，都是爲別人讀書。現在有這種現象，古代也有這種現象，也難怪聖者們要大嘆「古之學者爲己，今之學者爲人」了。「爲人」讀書太苦，「爲己」讀書才是一種快樂。

總之，「讀」要「博學之」，「學以聚之」，「博學於文」，「博學而詳說之，將以反約也」，「學，而時習之，不亦說乎？有朋自遠方來，不亦樂乎？人不知而不慍，不亦君子乎？」的「讀」。所以「讀」要誦、要說、要語、要念、要續；特別是要「抽」，此皆讀之義也。但今天，有的人寫的比讀的多，多得不可想像；有的人說的比懂的多，多得來天花亂墜，口若懸河。這個讀，不是筆下能寫出幾句別人書上的言語，或口中能道出幾段別人書中的語句，就算是讀。這個讀，有快讀，有慢讀；有略讀，有詳讀；有博讀，有精讀；有索要的讀，有玩味的讀；有瀏覽的讀，有分析的讀；有整體的讀，有個別的讀；有統觀全書的讀，有分觀細節的讀；更有閒讀、摘讀、抄讀、校讀、點讀、默讀、朗讀、背讀、溫讀，以及爲研究一個或幾個問題而分觀各書的讀，合觀各書的讀，會觀各書的讀，比觀各書的讀，統貫各書的讀等等，但都必須在讀的當中，要眼、耳、口、手、心、足都到才行。

讀的時候，一定要在書上劃出概念層次的，重要思想的，最好的、最喜愛的、最難的、不懂的、不同意的、反對的、最討厭的、深惡痛絕的……各種記號，並且要作眉批；更要寫下：摘要式的、提綱式的、概述式的三種筆記，或進而作出表解以統理之。

筆記，幫助記憶，因爲一番手抄之下，凝神酌句，記憶更牢。筆記，集中注意力，原來未注意到的在筆記時才發現，因爲注意力集中，思無旁顧，凝神貫注，才能讀得字字響亮，字字見血；所謂「用志不分，乃凝於神。」筆記，刺激思考，在萬慮皆寂，凝神上升，書中奇峰也就慢慢升起。

二、「疑」

在讀的進行中，要「疑」；疑，度也，質也。度，衡之也；而得其所判準。質，求之也；

而得其所定本。張載說：「讀書先要會疑，於不疑處有疑，方是進矣。」（文集）疑，才「有所見」（朱子），才有所悟，是思維的推進點，如笛卡兒哲學是也。所謂「多聞闕疑」（為政）之「疑」所以「闕」者，乃言疑之所當「存」以「求」之者也，而非存而不論也。

故疑則進，而要疑其所不疑；因為不疑則不進，小疑則小進，大疑則大進。疑者，乃在明辨其所以疑之之點而求其惑之所以解決之道也。

三、「問」

在「疑」之中，必定有所「問」；所謂「疑、思：問」（季氏）。問者，訊也，質也，學也，論也，議也，卜也，訪也，詰也，言也，順也，徵也，信也，患也，遺也，向也，聘也，通也；而今之言曰：問題是也，也就是問問題也。這個問，乃——「每事問」（八佾），「不恥下問」（公冶長），更要「以能問於不能，以多問於寡」（泰伯），方為「善哉問」（顏淵）。

所謂問題者，乃是它指的是什麼也，是為什麼也，是如何也；所謂問問題者，乃是指它是什麼，為什麼，如何等所指的究竟是什麼，究竟為什麼，究竟是如何等。所以這才是「舜好問而好察邇言」（中庸），要找問題，要研究問題，要解決問題，這也是問的三個方面。

問自己，問書本，問人，都要循序的問，切問，審問，愼問，善問，方爲「大哉問」（八佾）。

所以，面對一個問題時，要知道疑難與疑難的所在——問題，要設問——問問題：是什麼，爲什麼，如何；然後推證，求解答，然後進行證實，加以肯定。這就是杜威「思維術」的思想五步驟：⑴感覺疑難。⑵疑難所在與問題的指出。⑶提出可能解決問題的假設。⑷進行解決。⑸不斷的觀察與考驗證明加以修正。

四、「思」

思，就是「問，以辨之」的辨，所謂辨就在「思」——

「思」的第一個問題，一定先要知道這個問題。假如你一開始就不知道有這個問題，你又如何能去研究它？你又如何能解決問題呢？所謂知道這個問題，先要面對這個問題。

這個問題，有些什麼問題，從這個問題所包涵的問題中的第一個問題到最後一個問題都要問。

㈠是什麼問題？也就是它的內容，組成，表達的形式，意義、目的、特點、功效、缺點……等。

㈡爲什麼？能不能成立？能成立的理由何在？不能成立的理由何在？

㈢這個問題本身所引起的問題，又是些什麼問題？

㈣能不能解決？

㈤能解決如何解決？

㈥不能解決如何辦？

然後，把所面對的這一個問題所包涵的各個問題所問的結果加以綜合、歸類、比較而構成爲一個問題。這樣，當你已知道這個問題的大概，而又朗然在目時，自然是胸有成竹，再去從事研究時，就會從容不迫，聚精會神，按部就班，不慌不忙，不迷不亂去「思」而自有所得。

這就是因爲你知道了這個問題是什麼問題時，才能發現問題，解決問題，引發問題。

「思」的第二個問題，是在你已知道這個問題是一個什麼樣的問題之後，就要知道如何去研究你已知道的問題：

一、是研究這個問題的態度，要從一個什麼樣的角度去進行？是從一點去「細」觀呢？還是從整個去「巨」視呢？是大題小作？還是小題大作？抑或是大題大作？還是小題小作呢？是普普通通的態度？還是登堂入室的態度？是隨隨便便的態度？還是踏踏實實的態度？抑或是差不多的態度呢？

二、是研究這個問題的方法，要採取一個什麼樣的起點？運用什麼樣的工具與材料，以及如何進行的程序？採取單線式呢？還是多線式？

三、是研究工作的進行包括：A問題的形成。B查考文獻與各種參考資料。C決定研究計劃。D進行研究工作。E處理材料。F構成系統。G寫出。H不斷修正。

「思」的第三個問題，是我們知道了我們所要研究的問題在那裡，又知道用什麼方法去研究，我們就要緊緊把握我們研究的目的，使整個的研究導向我們的目的之所在，而無所誤失。

這一個目的，不管是一個超越的目的也好，內在的目的也好，外在的目的也好，主觀的目的也好，客觀的目的也好，有用的目的也好，非用的目的也好，我們的研究，都在我們的「思」中。

程頤說：「學原於思。」（明道文集）。張橫渠說：「學貴心悟，守舊無功。」（文集）這些話也就是孔子所說：「學而不思，則罔；思而不學，則殆。」的道理。

故「思」，索也，尋也，審也，察也，謀也，豫也，省也，慮也，考也，通也，度也，哲也，念也，致也，計也，量也，慕也，願也，心也；所謂「思之思之，鬼神通之」是日夜思索，一旦豁然而悟也。

我們在「思」中，要「問」，問從「疑」來，疑自「讀」生；所以在「思」中的「問，以辨之」的問，是在我們的「能」問，「會」問，「善」問，「切」問之下，一定要把握住每一個研究，每一個對象，每一個問題的內容、方法、與目的等去靜靜的思，細細的思，深深的思；從內面去思，從外面去思；因爲「思，則得之；不思，則不得也。」（孟子）。我們一定要「思索以通之」（荀子），因爲「不思，則不能通微。」（周子）所以我們要用各種思考方法去「思」，用思想的不同模式去「思」，都在從「思」而獲得思；而闡揚「思」，而應用「思」，而表達「思」，而創造「思」，而批判「思」；而再獲得——「思」，再闡揚——「思」，再應用——「思」，再表達——「思」，再創造——「思」，再批判——「思」；這樣，層層疊疊而又周而復始的——「思」，才是「思」之所以爲「思」的所在了。所以這就是「學而不思，則罔；思而不學，則殆。」（爲政）的道理。而且，「思」——在人文世界中，「君子有九思：視，思明。聽，思聰。色，思溫。貌，思恭。言，思忠。事，思敬。疑，思問。忿，思難。見得，思義。」（季氏）。所謂：「季文子三思而後行。孔子聞之曰：再思可矣。」（公冶長）凡此，皆原於——「思」，方能通天下之「故」也；也才能「通天下之志」。（周易、繫辭傳）

五、「知」

當我們能從「讀、疑、問、思」中把握住我們所從事研究的內容、方法與目的時，我們才能算是走向了眞有所「知」的起點。而知——亦有所始，有所終。知之始，乃智之事。知之終，乃聖之事。孟子說的「始條理者，智之事也；終條理者，聖之事也。」荀子說的：「其數，則始乎誦經，終乎讀禮；其義，則始乎爲士，終乎爲聖人。眞積力，久；則入。學也者，固學一之也。」所以，「知」，始於知識的追求，終於生命的至高上達。故兌命曰：「念終始，典於學。」（尙書）

因此，我們知識的獲得在「積、漸、熟」的功夫都做到了一個普遍而又深與高的程度之後，要能把所「知」加以運用與表達，而創造成爲自己的知，才是眞有所「知」。故所謂「知」者：聞也、見也、記也、憶也、別也、識也、得也、了也、覺也、發也、主也、智也、慧也，皆「知」之謂也。所以，「讀」是一回事，「疑」是一回事，「問」是一回事，「思」是一回事，「知」是一回事；把「讀——疑——問——思——知」合爲一個整體，又是一回事。讀一本書的人，是可怕的；一切書都讀的人，是可恨的；一本書都不讀的人，是可憎的。但，眞有所知的人，怕而不可怕，恨而不可恨，憎而不可憎。「好書不厭百回讀，熟讀深思子自知」。「讀書破萬卷，下筆如有神」。「一日不讀書，言語無味面目可憎」。

不會讀書的人，書面上所呈現的，是平平的像一片荒涼的沙漠。會讀書的人，書面上才會不斷的浮現、顯露、透出各種各樣別人所看不到的、高低起伏、時隱時現中的那些知識上的層巒聳翠，奇峰突起。——「搜盡奇峰打草稿」（石濤．畫語錄）是也。

我們的「知」，一定要知道：「知」有各種語言、文字、文學、藝術的表達知；「知」有各種方法的知；「知」有各種概念的知；「知」有各種系統的知；「知」有「萬物並育而不相害，道並行而不相悖」（中庸）的「民吾同胞，物吾與也」（正蒙）的生命的知；「知」有不同層次的超越的知。然而老子卻說：「知——不知，上；不知——知，病。夫唯病病，是以不病。聖人不病，以其病病，是以不病。」但是，我們要知「知」——蒙田說「我懂得什麼？」蘇格拉底說：「你要知道你的無知。」孔子說：「吾有知乎哉！無知也。有鄙夫問於我者，空空如也。」萊布尼茲說：「生存不過是一片大和諧。」歌德說：「宇宙，一切事物都是深深地互相連繫著。一切消逝的，不過是象徵；那不美滿的，在這裡完成；不可言喻的，在這裡實行；永恆的女性，引我們上升。」孟子說：「萬物皆備於我。」莊子說：「天地與我並存，萬物與我為一，獨與天地精神往來。」

所以：一切偉大的哲學，是要直接訴諸於我們的整體：靈與肉，心靈世界與感覺世界，內在世界與外在世界。它不僅要使我們得到美感的喜悅，並且要指引我們去參悟宇宙和人生以及存在的根本奧義。所謂參悟，不但間接地在「知」——理智上作一番解釋，並且要直接訴諸於我們自己的感覺和想像，使我們的整個生命都要面對它、進入它、超越它。這才是整個的「知」。宗教的「知」，是信仰的秩序；哲學的「知」，是理性的秩序；科學的「知」，是自然的秩序；藝術的「知」，是情感的秩序；道德的「知」，是意志的秩序。知識系統的建立，是生命力的推進，民族精神的表現，時代潮流的激盪，歷史傳統的暗示。

「人」，就是宇宙的主體，文化的創造者；這是哲學的目的。「知識」，就是人存在的方法與憑藉，哲學思考的形構所在；這是哲學的功用。「宇宙」，就是人存在的統一體、人文世界的化成；這是哲學的意義。因此，我們要具有認識整個宇宙的「知」，了解人在宇宙中地位的「知」，探求知的來源、範圍、本質的「知」，追問眞假、善惡、美醜的「知」，以作爲人類精神工作的意義探討與文化創造工作的價值評斷，這就是文化模式的考察——反省，設定——批判，建立——超越的「知」。

然而，詩更是達到存在的一條線索。故孔子曰：「詩者，天地之心，君德之祖，百福之宗，萬物之戶也。」（御覽八百四引）而要「志於道，據於德，依於仁，游於藝。」愛默生說：「詩人，是說話者，命名者，代表著美。他是完整的，獨立的，站在中央。美，是宇宙的創造者。詩人，把這些東西連繫到自然，連繫在『整體』上。詩人，是令人獲得精神解放的神。」（論詩人）所以，「藝術」，是哲學的靈魂。「道德」，是哲學的實踐，更是藝術的升華。「科學」，是心靈的客觀世界中的探險。「宗教」，是存在的頂點。因此哲學的「理性」，是不能離開宗教的本能信仰與科學的自然秩序和藝術的情感享受與發現以及道德的意志力量。

眞正的詩，不是個別藝術者的作品，而是宇宙本身。一切藝術和科學的最深奧秘是屬於詩的。詩，是哲學的核心；越詩意的也就越眞實。歌德的創作，是詩的精神在人間的實現。老子的道德經，是哲學的詩。孔子的乾坤彖象文言傳等，更是哲學的詩。孟子的哲學語言也是最會說的詩。莊子的語言，更是用一套最藝術的詩的語言來表達最哲學的哲學。西方的哲學家如柏拉圖與尼采者，其最偉大的哲學就是在詩的語言中自然的流出。當代西方最偉大的哲學家懷黑德說"Philosophy is akin to poetry, and both of them seek to express that ultimate good sense which we term civilization"「哲學跟詩，是有其血緣的關係，而二者都在追求表達至極之善的感受，這就是我們所謂的文明。」（思想的模式）（本文作者譯）當代中國最偉大的哲學家方東美說：「在詩之眞實性中的生命，在在都與文化的每一層面，息息攸關。宗教、哲學，與詩在精神內涵上是一脈相通；三者同具崇高性，而必藉生命創造的奇

蹟才能宣洩出來。」（詩與生命，孫智燊博士譯）

「知」——人類的知識，最後都要指向存在本身的「聖、默然」境界。也就是周易繫辭所謂：「知（科學）周乎萬物，而道（哲學）濟天下」的「易、無思也，無爲也；寂然不動，感而遂通天下之故。」所以，在知中，必定有所「感」。此感，非「不知而作之者」（述而）之感。此感乃「知之爲知之，不知爲不知，是知也。」（爲政）的感。此感，乃「生而知之者，上也。學而知之者，次也。困而學之，又其次也。」（季氏）的生知之感，學知之感，困知之感，皆其知之所以爲感也。此感，乃「告諸往，而知來」（學而）的預感。然「君子一言以爲知，一言以爲不知，言不可不愼也。」（子張）故知之之言，亦非易事。然「知命，知禮，知言」（堯日）亦所以爲君子，所以立，所以知人者；此亦非易事。故孔子曰：「不怨天，不尤人，下學而上達，知我者其天乎？」（憲問）是以，孔子主張「知及之，仁守之，莊蒞之，動之以禮。」（衛靈公）此實乃人文生命之「知」入於「天」——聖，默然的境界。所以，孟子才說：「我知言，我善養吾浩然之氣。」（公孫丑），更說——孔子曰：「知我者，其唯春秋乎？」（滕文公）此乃以歷史生命之知，爲人文生命之所本。此知之「感」，已入於「天命」之中也。故中庸曰：「思——知人；不可以不知天。」此「知」，而「感」入於「天」以「通」天下之「知」者是也。此非「五十而知天命」（爲政）者乎？故「天—

——命之謂性；率——性之謂道；修——道之謂教。」

六、「感」

感：遇也、觸也、動也、興也、移也、發也、應也、懷也、想也、豫也、驗也、覺也、受也、會也、知也、思也、通也、生也、化也。故周易繫辭謂：「易：無思也，無爲也；寂然不動，感——而遂通天下之故。非天下之至神，其孰能與於此？」感——當然要來自分析的能力，綜合的能力，直覺的能力；感——當然要從分析資料開始，綜合資料開始，直覺資料開始；這不但是思考能力的訓練，也是寫論文的基礎與條件。

這個「感」，除了這些能力外，還有「心感」、「透感」、「預感」；更還有「神感」。大學的學術研究乃在保存文化、解釋文化、創造文化、傳遞文化。因爲要「保存」文化，才給民族帶來了歷史「感」，這是神聖的歷史生命。因爲要「解釋」文化，才給每個人帶來了使命「感」；這是莊嚴的價值理想。因爲要「創造」文化，才給人類帶來了偉大「感」；這是無窮的文化生長。因爲要「傳遞」文化，才給知識分子帶來責任「感」；這是獨立的學術存在。這，都要靠分析的能力、綜合的能力、直覺的能力。這，當然要在心感、透感、預感之外；還要有神感。

這個神感，之所以爲神感，就是「易：無思也，無爲也；寂然不動，感——而遂通天下之故。非天下之至神，其孰能與於此？」之中，故韓康伯曰：「夫非忘象者，則無以制象；非遺數者，則無以極數。至精者，無籌策而不可亂；至變者，體一而無不周；至神者，寂然而無不至應，斯蓋功用之母，象數所由立。故曰非至精，至變，至神則不能與於斯。」（十三經，周易正義）所以，孔穎達正義接著說：「易，無思也，無爲也者，任運自然，不關心慮，是無思也。任運自然，不須營造，是無爲也。寂然不動，感而遂通天下之故者，既無思無爲，故寂然不動，有感必應，萬事皆通，是感而遂通天下之故也；故謂事，故言通天下萬事也。非天下之神其孰能與於此者，言易理神功不測，非天下萬事之中至極神妙其孰能與於此也。凡自有形象者，不可以制他物之形象。猶若海不能制山之形象，山不能制海之形象。遺忘己象者，乃能制衆物之形象也。非遺數者無以極數者，若以數數物，則不能極其物數。猶若以萬而數，則不能苞億。以一億而數，則不能苞千億萬億。遺去數名者，則無所不苞。以其心之至精，理在玄通，無不記憶，雖無籌策而不可亂也。言至變者體一而無不周者，言至極曉達變理者能體於淳一之理，其變通無不周徧，言雖萬類之變，同歸於一變也。斯蓋功用之母，象數所由立者，言至精至微至神三者，是物之功用之母。物之功用，象之與數，由此至精至變至神所由來，故云象數所由立也。言象之所以立有象者，豈由象而來，由太虛自然而象也。數之所以有數者，豈由數而來，由太虛自然而有數也。是——太虛之象，太虛之數，是其至精至變也。由其至精，故能制數。由其至變，故能制象。若非至精至變至神，則不得參與妙極之玄理也。」（十三經，周易正義）故「神，天德；化，天道；德其體，道其用。推行由漸爲化，合一不測爲神。」（張載，正蒙，神化篇）所以「精義入神，而窮神知化，知幾其神。」（周易繫辭傳）皆感之入而窮所知者也。

所以，這個「感」：在分析能力、綜合能力、直覺能力之外，還包括了「心感」——無思也，「透感」——無爲也，「預感」——寂然不動這三者；始「感」，而遂通天下之故：是因爲「無思」，才能有「心」而感以集中其思；因爲「無爲」，才能有「透」而感以無不爲；因爲「寂然不動」，才能有「預」而感通天下之故以「冒天之道」而無不動。「心感」——無思，是超象數的形上世界，在柏拉圖謂之理型，謂之理念，在老子謂之大象，謂之抱一爲天下式，在莊子謂之道樞、謂之心齋，在孔子謂之吾道一以貫之，謂之天下之動貞乎一，在墨子謂一主所存，在孟子謂之定於一，謂之道一而已，謂之盡心，謂之知天。在荀子謂之「虛壹而靜」謂之「知道」。「透感」——無爲，是超有爲的「無爲」而又「無不爲」的宇宙存在的透入。「預感」——寂然不動，以至精至變至神而參與妙極之玄理。此「知」——之極也。感其心，感其透，感其預。故周易咸卦謂：「咸，感也。柔上而剛下，二氣感應以相與，天地感而萬物化生，聖人感人心而天下和平，觀其所感而天地萬物之情可見也。君子以虛受人。」此懷黑德之以「感，乃宇宙過程之根本本性，即是實在。」（C.E.M. Joad, Guide to Philosophy, P. 574）此僅乃變易之易者。

故張橫渠謂：「太虛無形，氣之本體，其聚其散，變化之客形爾。至靜、無感；性之淵源。有識，有知，物交之客感爾。客感客形與無感無形，唯盡性者，一之。」（正蒙、太和篇）故易非以感爲體，乃以感爲用之本性，變易之所具也。因爲「天地包載萬物於內，所感所性：乾坤，陰陽二端而已。無所不感者，虛也；感，即合，咸也。以萬物本一，故一能合異，故謂之感。非有異，則無合。天性，乾坤，陰陽也；二端，故有感；不一，故能合。天生萬物，所受雖不同，皆無須臾之不感，所謂性即天道也。感者，性之神；性者，感之體。惟曲伸動靜終始之能，一也；故所以妙萬物而謂之神，通萬物而謂之道，體萬物而謂之性。」（正蒙，乾稱篇下）

七、「通」

我們在「讀——疑——問——思——知」的「感」而遂「通」天下之故的「通」，究竟是個什麼「通」？究竟是個什麼「通」法？

「通」——達也，至也，見也，知也，曉也，順也，過也，暢也，貫也，利也，裁也，判也，中也，解也，洞也，定也，透也，闢也，交也，流也，運也，歷也，融也，豁也，變也，互也，比也，連也，顯也，同也，共也，開也，明也，空也，純也，得也，識也，傳也，綜也，全也，遍也，圓也，總也，理也，道也，完也，精也，竟也，玄也，幽也，遠也，神也，聖也，靈也。

㈠通之本體世界

我們在「感」之後的「通」，是在「往來不窮謂之通，推而行之謂之通」（繫辭）的「泰者，通也。」（序卦傳）的「通」中以「知其本，達其末，自誠明者，聖也。因其流，溯其源，自明誠者，學也。聖者，能作，學者，能述。作之謂神，述之謂明。求本而不達末，是巫之接神也，以爲神而已矣。知流而不溯源，是工之守器也，以爲器而已矣。」（姚配中，周易姚氏學十四）是以，知本達末，因流溯源，自誠明，自明誠，皆能合而爲一個「致中和，天地位焉！萬物育焉！」的「大本、達道」的大中世界，方始謂之「通」。此「通」乃：「在方」能「方」之外，尤在「圓」上見境界，乃能「升中於天」，「得其環中，以應無窮。」

圓，是通的最高象徵；它是心靈的全體，人類和整個自然的關係，終極的存在。通而圓的那個境界，是無所不在的，也是無所不能的。易之所謂：「方以智，圓而神。神、旡方；

而易旡體。」但在「學」境中，在「物」境中，在「人」境中，在「慧」境中也有其深淺之別，而總須盡其本身之美，出之以自己的造境，進境，識境，成境，方爲圓足。故張載正蒙乾稱篇下謂：「通萬物而謂之道。」道，通之本體也。

在「通」之本體世界中，也有如裴迪送崔九所謂：「歸山深淺去，須盡丘壑美」的要盡其所美，方謂之「通」。因爲「聖人要原天地之美」，才能「達萬物之理。」因此，思想必在「圓」上，見其「通」之美。尤其在「圓滿」，「圓融」、「圓熟」、「圓成」上而見其「通」之「圓」的「精純」化境：

千山鳥飛絕，萬徑人蹤滅；
孤舟蓑笠翁，獨釣寒江雪。——柳宗元

(二)通之宇宙結構

這可以作爲「通」的精神象徵在通之宇宙結構中的「一點」點出。這種精神上的「靜」，點出了「靜」者，「無思也、無爲也；寂然不動，感而遂通天下之故」之所以爲「通」者。山上，沒有飛鳥；路上，沒有人跡。茫茫的一大片雪，魚，已深深地藏在水底，那個穿蓑戴笠的老翁，竟然在寒江大雪中，傲然地，靜靜地，自足地在那裡垂釣。釣什麼呢？是釣魚呢？還是釣寒江的雪呢？釣什麼呢？魚，也靜了。寒江的雪，也靜了。釣什麼呢？整個宇宙，就是一片空靈的靜。靜極了！靜中的奇人。人已在這個「靜」的心靈宇宙中，層層上達，人的精神才會投向而又安放在他所追求的對象上，心力完全貫注，注意力完全集中，去思考問題，自有所得。故「學未至知化，非眞有得。」（張載、正蒙、乾稱篇下）

這個「得」，不是隨便的得，乃是有所創造的得，有所深造的自得。故孟子謂：「君子深造之以道，欲其自得之也；自得之，則居之安；居之安，則資之深；資之深，則取之左右逢其源。故君子：欲其自得之也。」自得之，則「盡其心、知其性，則知天。存其心、養其性，所以事天。萬物皆備於我，反身而誠，樂莫大焉！」則「無入而不自得」（中庸）也。這個得更就是荀子所謂的：「眞積力，久——則入。學，至乎沒，而後止也。學也者，固學一之也。全之，盡之然後學者也。故學數有終，若其義則不可須臾舍也。君子知夫不全不粹之不足以爲美也，故誦數以貫之，思索以通之，爲其人以處之，除其害以持養之；能定，能應，夫是之謂成人。君子貴其全。」（勸學）故孟子者，重心在於「自誠明」，「誠者」——生命、心性、行爲之「通」。荀子者，重心在於「自明誠」，「誠之者」——自然、知識、經驗之「通」。前者在道之通，後者在學之通。然孟子尊德性不廢道問學，荀子道問學不廢尊德性。孟子高明、思致幽遠；荀子沉潛、文理密察。所以，張爾田謂：「欲通孟子，必自荀子始。」（史微．原儒）

全者，「圓」之之謂也。成人，「通」之之謂也。能定、能應必在「靜」的精神境界中，「知心術之患，見蔽塞之禍；故無欲，無惡；無始，無終；無近，無遠；無博，無淺（約）；無古，無今；兼陳萬物而中懸衡焉！夫道者，體常而盡變，一隅不足以舉之。故治之要，在於知道。人何以知道？曰：心。心何以知？曰：虛壹而靜，謂之大清明。」（解蔽）此亦「無思也，無爲也，寂然不動；感——而遂通天下之故。」的所以爲「通」之通之者的整個表達。故「入」，爲「通」之始。「沒」，爲「通」之進。「一」，爲「通」之要。「全之」、「盡之」，爲「通」之法。「數」，爲「通」之階。「義」，爲「通」之理。「粹」，爲「通」之精。「誦、思索，爲其人，除其害」，爲「通」之過程。「知心術之患，見蔽塞之禍」，爲「通」之無塞。此乃知「道」爲「通」之本，「心」爲「通」之官，「虛壹而靜」爲「通」之神，「大清明」爲「通」之境。此皆「兼陳萬物，而中懸衡焉」，乃「建大中以承天心。」（漢書・谷永傳）者也。

所以，「讀——疑——問——思——知——感——通」是在累積知識，獲得知識，闡揚知識，運用知識，表達知識，創造知識，批判知識，以使所「學」成爲一個整體；一個整體生命的學問。這個整體生命的學問，就是建立在「通」的上面。這個「通」：在「形而上者謂之道，形而下者謂之器，化而裁之謂之變，推而行之謂之通，舉而措之天下之民謂之事業。」

（繫辭傳）的「推而行之存乎通」的——「通」中。

這個「通」：第一是「人」自己的「通」，人自己這個「通」才能使人在宇宙中有個立足點。第二是「學問」的「通」，這個學問的「通」，是作爲人與整體生命的基礎。第三是「生命」的通，這個生命的「通」，才能使生命充實與擴大。故此「通」，實即孟子所謂的：「夫君子所過者，化；所存者，神。上下與天地同流。」（盡心）的「通」。此「通」，亦即荀子的：「夫道，體常；而盡常。一隅，不足以舉之。」的通。

故儒家之大通者其在中庸曰：「思知人，不可以不知天。或生而知之，或學而知之，或困而知之，及其知之一也；或安而行之，或利而行之，或勉強而行之，及成功一也。子曰：『好學近乎知，力行近乎仁，知恥近乎勇。』修身，則道立。誠身有道，不明乎善，不誠乎身矣。誠者，天之道也。誠之者，人之道也。誠者，不勉而中，不思而得，從容中道，聖人也。誠之者，擇善而固執之者也。博學之、審問之、愼思之、明辨之、篤行之。自誠明謂之性，自明誠謂之教；誠，則明矣；明，則誠矣。唯天下至誠，爲能盡其性；能盡其性，則能盡人之性；能盡人之性，則能盡物之性；能盡物之性，則可以贊天地之化育；可以贊天地之化育，則可以與天地參矣。其次致曲，曲能有誠，誠則形，形則著，著則明，明則動，動則變、變則化；唯天下至誠，爲能化。故至誠如神。成己，仁也；成物，知也。性之德也，合外內之道也，故時措之宜也。故至誠，無息。不息，則久。久，則徵。徵，則悠遠。悠遠，則博厚。博厚，則高明。博厚，所以載物也；高明，所以覆物也；悠久，所以成物也。博厚，配地；高明，配天；悠久，無疆。如此者：不見，而章；不動，而變；無爲，而成。故君子尊德性，而道問學；致廣大，而盡精微；極高明，而道中庸；溫故，而知新；敦厚，以崇禮。故君子之道：本諸身（自我生命），徵諸庶民（人類生命），考諸三王（民族歷史文化生命）而不繆，建諸天地（宇宙生命）而不悖，質諸鬼神（宇宙生命存在本身）而無疑，百世以俟聖人（宇宙生命存在本身，宇宙生命，人類生命，自我生命的最高而又永恆的表徵）而不惑。質諸鬼神而無疑，知天也；百世以俟聖人而不惑，知人也。唯天下至誠，爲能經綸天下之大經，立天下之大本，知天地之化育。夫焉有所倚。肫肫其仁，淵淵其淵，浩浩其天。苟不『固』——聰、明、聖、知；『達』天德者，其孰能知之！」此實乃孟荀之所本者。：「大中」——「皇極」：致中和：天地位，萬物育；此「誠者與誠之者」之——「中」之所以爲「用」（庸）致之者。

此「通」之盡也，「通」之全也，「通」之粹也。能盡，能全，能粹者，乃「誠者與誠之者」所以致之也。故「通」，則上下與天地同流，而粹之，全之，盡之也。「通」，則誠，知人而又知天，以盡己之性，盡人之性，盡物之性，贊天地之化育，與天地參。所以孔子在周易文言謂：「夫大人者，與天地合其德，與日月合其明，與四時合其序，與鬼神合其吉凶；先天，而天弗違；後天，而奉天時；天且弗違！而況於人乎？況於鬼神乎？」此，「通」之極也，「通」之玄也，「通」之神也。故周易謂：「精義入神，神無方；而易無體。一陰一陽之謂道。陰陽不測之謂神。知變化之道者，其知神之所爲乎。神也者，妙萬物而爲言也。」此通，直可謂道通天地，德侔造化。是以，聖學：尙積，更尙漸，尤尙熟。故孔子者：全通、盡通、粹通之聖者，合「自誠明」與「自明誠」，「誠者與誠之者」、「尊德性與道問學」而爲一，乃中庸所述師儒一體之傳統也。阮元謂：「孔子以王法作述，道與藝合，兼備師儒。」（國史儒林傳）者，此也。而劉師培於「國學發微」中亦稱之。

故哀公曰：「敢問何如可謂聖人矣？」孔子對曰：「所謂聖人者，知通乎大道，應變而不窮，能測萬物之情性者也。大道者，所以變化而凝成萬物者也；情性也者，所以理然不然，取捨者也。故其事大，配乎天地，參乎日月，雜於雲霓，總要萬物，穆穆純純，其莫之能循，若天之司，莫之能職。百姓，淡然不知其善，若此則可謂聖人矣。」公曰：「何貴乎天道也？」孔子對曰：「貴其不已，如日月西東相從而不已也；是天道也；不閉其久，是天道也；無爲物成，是天道也；已成而明，是天道也。」（大戴禮記「哀公問五義第四十，哀公問於孔子第四十一）所以，張橫渠謂：「太和所謂道：中涵浮沉，升降，動靜相感之性，是生絪縕相盪，勝負，屈伸之始。其來也，幾微易簡；其究也，廣大堅固。起知於易者，乾乎？效法於簡者，坤乎？散殊可象爲氣，清通而不可象爲神。不如野馬絪緼，不足謂之太和。聚亦吾體，散亦吾體，知死之不亡者，可與言性矣。聖者，至誠得天之謂；神者，太虛妙應之目。一、故神；兩，故化；此天之所以參也。上天之載，有感必通。聖人之爲，得爲而爲之應。性性爲能存神，物物爲能過化。聖人之神，惟天，故能周萬物而知。神、天德；化、天道。德、其體；道、其用。推行有漸爲化，合一不測爲神。中庸曰至誠爲能化，孟子曰大而化之，皆以其德合陰陽與天地同流，而無不通也。大其心，則能體天下之物；物，有未體；則心爲有外。」（張載，正蒙）此皆「通」之者之所以「通」之之所實存也。故：「中」者——通之宇宙結構至高點也，當力致之。

「易曰：『成象之謂乾，效法之謂坤。』學也者，效法之謂也；道也者，成象之謂也。夫子曰：『下學而上達』，蓋言於形下之器，而自達於形上之道也。」（章學誠：文史通義，原學上）故所謂「通」者乃合「坤——效法——學」與「乾——成象——道」以成「下學而上達」與「上道而下貫」的中和大美是也。然而「諸子百家之患，起於思而不學；世儒之患，起於學而不思。」（原學下）此皆形上之道而不能下貫於學與形下之學而不能上達形上之道。此實上下不「通」無入於「中」而不能既感且應有所隔者也。故通之者，當知「學貴博而能約，未有不博而能約者也，未有不專而可成學者也。學與功力，實相似而不同。學不可以驟幾，人當致攻乎功力則可耳。夫學：有天性焉，有入識最初而終身不可變易者是也；學又有至情焉，有欣慨會心而忽焉不知歌泣何從者是也。功力有餘，而性情不足，未可謂學問也；性情自有，而不以功力深之，所謂有美質而未學者也。夫子曰：『發憤忘食，樂以忘憂，不知老之將至』，不知孰爲功力，孰爲性情，斯固學之究竟。是以『學』必求其心得，『業』必貴於專精，『類』必要於擴充。『道』必抵於全量，『性情』喻於憂喜憤樂，『理勢』達於窮變通久，『博』而不雜，『約』而不漏，庶幾學術醇固，而於守先待後之道，如或將見之矣。」（文史通義，博約）此「通」之學問與功力及性情之在博約者也。「——然而曰聖、曰神、曰妙者，使人不滯於跡，即所知見以想見所不可知見也。」此通之道而入於聖，入於神，入於妙者也。此所謂「通者，所以通天下之不通也。」（文史通義、釋通）然而「通人之名，不可以概擬也。」（文史通義、橫通）

㈢**通之知識世界**

故「通」之知識世界，亦非易致。「蓋有三難：淹博難、識斷難、精審難。」（戴震，與是仲明論學書）。

所謂「淹博」者：「凡學未至貫本末，徹精粗，徒以意衡量，就令載籍極博，猶所謂思而不學則殆也。」（戴震，與任孝廉幼植書）蓋「僕自少時家貧，不獲親師。聞聖人之中有孔子者，定六經示後之人。余求其一經，啓而讀之，茫然無覺。尋思之久，計於心曰：「經之至者，道也；所以明道者，其詞也；所以成詞者，字也；由字，以通其詞；由詞，以通其道，必有漸求所謂字。考諸篆書，得許氏說文解字，三年知其節目，漸睹古聖人制作本始。又疑許氏於故訓未能盡，從友人借十三經注疏讀之，則知——一字之義，當貫群經。本六書，然後爲定。」（戴震、與是仲明論學書）此可見：「通」之在淹博之難也。

所謂「識斷者」：「余自始知學，每憾昔人成書太早，多未定之說。凡僕所以尋求於遺經（者），（乃）懼一聖人之緒言，闇汶於後世也。然尋求所獲，有十分之見，有未至十分之見。所謂十分之見，必徵之古而靡不條貫，合諸道而不留餘議，鉅細畢究，本末兼察。若夫依於傳聞以擬其是，擇於衆說以裁其優，出於空言以定其論，據於孤證以信其通；雖溯流可以知源，不目睹淵泉所導；循根可以達杪，不手披枝肄所歧；皆未至十分之見也。以此治經，失不知爲不知之意，而徒增一惑，以滋識者之辨之也。」（戴震與姚孝廉姬傳書）此可見「通」之在識斷之難也。

所謂「精審」者：「立身、守二字；曰：不苟。其得於學：不以人蔽己，不以己自蔽；不爲一時之名，亦不期後世之名。有名之見，其蔽有二：非掊擊前人以自表襮，即依傍昔儒以附驥尾。二者不同，而鄙陋之心同；是以，君子務在聞道。私智穿鑿者，或非盡掊擊以自表襮；積非成是，而無從知；先入爲主，而惑以終身；或非盡依傍以附驥尾，無鄙陋之心而失與之等。」（戴震答鄭丈用牧書）故「前人之博聞強識，如鄭漁仲、楊用修諸君子，著書滿家，淹博有之，精審未也。別有略是，而謂大道可以徑至者，如宋之陸、明之陳王，廢講習討論之學，假所謂『尊德性』以美其名，然舍夫『道問學』則惡可命之『尊德性』乎？」（戴震與是仲明論學書）此可見「通」之在精審之難也。

而「通」——之在今日，尤有不同於往者之層次也；此諸層次之「通」，約而言之，可分爲七大層次：

第一層次的「通」，是普普通通的「通」，也就是「普通」的「通」，一般的「通」，常識性知識性的「通」。這樣的通，是人情練達，飽經世故的通，他雖然沒有讀過好多書，但是他的待人接物，卻通達。子夏曰：「雖曰未學，吾必謂之學也。」就是指這個層次普通常識知識性的通。

第二層次的「通」：是「精通」。精通，是精確的通，這種通，是科學知識的通，這種知識的通，是能加以證驗的通，並且是清晰而又明白的通。科學上所發現的定律公式，經過證明，得以成立。如愛因斯坦的 $E=MC^2$ 能造原子彈。至於人類之登陸月球，就是精通的結果。

所以，精通，是科學的通。

第三層次的「通」：是「貫通」。貫通是把現象界中的經驗知識，相對知識，貫串起來成爲一個整體，要對它加以反省與批判。這種通，是哲學知識的通。講貫通的哲學知識，是先要經過精通的層次，在通過了精通而到貫通的「通」，就是在對各種精通的知識的原理，設準加以反省與批判，以整合各種科學知識的基本原理、原始概念而爲一個貫通的學問。所以，貫通，是哲學的通。

第四層次的「通」：是「會通」。會通是要會科學的通與哲學之通，而爲一個通。既不僅是科學的通，也不僅是哲學的通。易經的節卦說：「剛柔分，而剛得中，當位以節，中正以通。節：君子以制數度，議德行。」也就是說「會通」是要把科學知識與哲學知識會合在一個定準，一個法則，一個規律，一個秩序，一個體系之下從必然中放到應然的位置上，使其「中」而且「正」，這樣自然的「數度」與人類的「德行」就制議爲一。制，是必然的秩序；議，是當然的秩序。必然要與當然成爲一個整體。所以，要「當位以節，中正以通」。因此，易經的繫辭又說：「聖人有以見天下之動，而觀其會通，以行其典禮」。這就是要會其根本，通其不窮。會通就是既要把握不變的又要把握變的，使成爲一個井然有序的和諧世界，以行其人文世界的「典禮」。所以會通，是科學而又哲學的通。

第五層次的「通」：是「極通」。極通是普通、精通、貫通、會通以上的通；它是普遍、精通、貫通、會通的連續發展，也就是在常識的通、科學的通、哲學的通、科哲的通以外，還要加上藝術的通；是要用藝術的直覺、透入、想像以進入科學、哲學、科哲所不能進入的極高遠的境界中。所以，極通，是科學的通，哲學的通，科學而又哲學的通，加上藝術的通。

第六層次的「通」：是「玄通」。玄通，是科學知識、哲學知識、科哲知識、藝術知識也不能單獨進入的層次，只有加上宗教知識以上的宗教生命，才能進入的世界，這種通，就是玄通。

第七層次的「通」：是「神通」。什麼是神通？這不是神通廣大的神通，而是超科學知識，超哲學知識，超科哲知識，超藝術知識，超宗教知識與超宗教生命而上達於「無何有之鄉，廣莫之野」，入於「寥天一」以妙「萬物」，而為「言」的通。所以，我把這種通，稱為神通。此在周易謂之曰：「神，無方；而易，無體。」的「精義入神」的「陰陽不測之謂神」的「一陰一陽之謂道」的「神」——「易」，是之也的「通」。

要通過了這七個層次的通，才能稱得上「全」通；全通之人，才是得道之人。才能是眞通之人，既大且正而圓之人。這種人，才是一空依傍，德侔造化而眞有所造；不是淺造，而是深造，深有所造。這種造，已從易的「方以智」而進入易的「圓而神」之中了。此即學記所謂「大德不官，大道不器，大信不約，大時不齊。察此四者，可以有志於學矣。」如此，才能「窮，則變；變，則通；通，則久。」（繫辭傳）方謂之「中正以通。」（節卦）

綜上七層之「通」，實乃今之所謂「通」之者也；然亦當「一」以貫之，「統」而通之矣。「夫學術造詣，本乎心識；如人入海，一入——一深；會『通』之義，大矣哉！」（鄭夾際，通志、總序）。此乃周易所謂：「旁通情也，黃中通理，通變之謂事，觀其會通，通其變、變通配四時，通天下之故、之志，變通者趣時，通神明之德。」

故「通」之爲義，亦多也。有此通，有彼通；有小通，有大通；有細通，有粗通；有偏通，有遍通；有分通，有全通；有歪通，有正通；有縱通，有橫通；有下通，有上通；有內通，有外通；有中通，有……通，難也哉！唯「聖人有以見天下之動，而觀其會通，以行其典禮。」在作到：會，而通之；全之、盡之、粹之……七層以上的「通」談何容易！實賴「積、漸、熟」之學力、功力、心力，慧力在「讀、疑、問、思、知、感」的造詣上所能達到之境地而定。故凡在「普」上，「精」上，「貫」上，「會」上，「極」上，「玄」上，「神」上而無所知者，或僅有所略知者，皆「通」之所以不易「通」之者也。

且進而言之：「通」之者——道也。其能通之者乃「本立而道生」（學而）以通者也。「朝聞道，夕死可矣」乃「志於道」（里仁）以通之也。「吾道一以貫之」（里仁）乃通之之謂也。「君子之道四」（公治長）者，通之在「行己，事上，養民，使民」之四通也。「君子所貴乎道者三」（泰伯）乃「動容貌，正顏色，出辭氣」之通也。「任重而道遠」（泰伯）者，通之遠也，故必「死守善道」（泰伯）以通之。「可與適道」（子罕）者乃可與言通之理也。「道之將行也與，將廢也與！」（憲問），皆通歟抑不通歟之謂也。「人能弘道」（衛靈公）者，人能通道者也；「非道弘人」者，道不能通人也。「道之不行」（微子），道之不通也。「信道不篤」（子張）者相信道之不易通也。「學以致其道」（子張）者乃「學」所以通之者。「君子之道，焉可誣也。」（子張）者君子之「通」焉可誣也。「上失其道」（子張）者在上者之不通也。「道之斯行」（子張）者孔子之「通」之之謂也。

是以，「通」之者，在己；「不通」之者，亦在己；「通」，非己莫能爲也。吾心信其可通，而通之則通；吾心信其不可通，通之亦不可通。故「通」也者，「行」之之謂也。「天——行：健」、天之無所不通也；其成系統而又秩序井然，永恆而又生生無窮，生生不已，其健也，如此；皆通之謂也。「君子以自強不息」，乃當效「天」之無所不通者也。

(四)通之理想世界

故「通」之理想世界者——在通「內聖外王」之「道」也。「內」通則聖，「外」通則王。「聖」學尚積，「大而化之之謂聖」（孟子），「聖，誠而已矣。性焉，安焉之謂聖；

聖希天。故思者，聖功之本；不思，則不能通微；不睿，則不能無不通；是則無不通生於通微，通微生於思。無思而無不通，爲聖人。誠、神、幾曰聖人。聖可學乎？曰：可。有要乎？曰：有。請問焉？曰：一爲要。」（周濂溪，通書）。「王」道者，「禮之用，和爲貴；先王之道，斯爲美，小大由之。」（學而）王者，「仁義而已矣！養生送死，王道之始，保民而王。夫明堂者，王者之堂也。行仁政而王，莫之能禦。行仁者，王。先王有不忍人之心。五百年必有王者興，有王者起；爲王者師，守先王之道。聖王不作，不行先王之道。周公思兼三王。王者之跡熄，而詩亡。」（孟子）尚書洪範曰：「無偏無陂，遵王之義。無有作好，遵王之道。無有作惡，遵王之路。無偏無黨，王道蕩蕩。無黨無偏，王道平平。無反無側，王道正直。會其有極，歸其有極。曰皇極之敷言是彝是訓，于帝其訓。」皆孟子所言：王道——「仁義而已矣」之所本。故：王道——仁義之道。此仁義之道，在周易「生生哲學」乾坤並建之人文系統中：乾——健，爲仁；坤——順，爲義；文言言之備也。故：王者——通天、通地、通人之謂也；失一而不曰「王」；此中國人文文化生命之所以化成者也。莊子承此緒而言「內聖外王之道，闇而不明，鬱而不發，天下之人，各爲其所欲焉以自爲方。」（天下）乃欲「皆有所明」，而能相通者也。通——老子言：「微、妙、玄——通」。莊子言：「道、通爲一，復通爲一，用也者通也。惟達者，知通爲一。通也者，得也。通於天地者，通於一，而萬事畢。知，通於神。通於聖，通於萬物，通乎道。知通之有時，通乎物之所造。君子通於道，之謂通。」此誠大「通」之者也。故「仲尼悼禮廢樂崩，追修經術以達王道，匡亂反正，見其文辭，爲天下制法儀，垂六藝之統紀於後世。」（太史公自序）

故——通：實「積、漸、熟」三大功夫之透而圓以出於「讀——疑——問——思——知——感」之上者也；然皆層層而上者，非可躐等以致之矣。此荀子所謂：「井井兮其：有理也；嚴嚴兮其：能敬己也；分分兮其：有終始也；樂樂兮其：執道不殆也；炤炤兮其：用知之明也；脩脩兮其：用統類之行也；綏綏兮其：有文章也；熙熙兮其：樂人之臧也；隱隱兮其：恐人之不當也。如是，則可謂聖人矣，此其道，出乎一。曷謂一？曰：執神而固。曷謂神？曰：盡善挾治之謂神。萬物莫足以傾之之謂固。神固之謂聖人。」（儒效）此非層層而通之者乎？誠哉！「取是而通之也，天下之道，畢是矣。」（儒效）此非「貴：道——誠，存也。」（儒效）而何？故「遵道，則——積。」（儒效）此乃：「神，莫大於化道。」（勸學）者之謂也。是以「君子大心，則敬天——而道。養心，莫善於誠，致誠則無它事矣。誠——心，守：『仁』、則形；形、則神；神、則能化矣。誠——心，行：『義』，則理；理、則明；明、則能變矣。變——化、代興；謂之天德。天不言，而人推高焉！地不言，而人推厚焉！四時不言，而百姓期焉！夫此有——『常』，以至其誠者也。」（不苟）此非出自周易孔傳中庸論語者而何？其論「不誠」而「操」、「操術」以至「通士」、「六生」、「兼權」，在原始儒家中，非荀子而莫能言之也。此非孟子之「始條理者、智之事也；終條理者、聖之事也。」者而何？故孟荀之「通」：一自下向上──「通」，一自上向下──「通」，皆全通，大通之聖者，無用其私智穿鑿以自小之，而裂我先聖之「共命慧」（方東美教授：哲學三慧）。

故中國之──「通」者，必兼「史──六藝──諸子」而通其「共命慧」，方謂之：「通」。是以，莊子天下篇首陳「方術」者，偏術也，專術也，分術也，而莊子所稱之「道術」者，全術也，通術也，合術也。「無乎不在」者，無所不通也。太史公稱其太史公書「亦欲以究天人之際，通古今之變，成一家之言。」（報任少卿書）所謂「究」者，追蹤中國歷史生命，「述往事，思來者，整齊其世傳，拾遺補藝，成一家言，厥協六經異傳，整齊百家雜語。」（太史公自序）此所以「通」：「史──六藝──諸子」而成「太史公書──史記」者。所謂「天人之際」者，乃形上之天、自然之天、人文之天與形上之人、自然之人、人文之人所以交、所以會、所以合者，乃無不「通」於太史公書中者也。所謂「通」者，完全把握之謂也。所謂「古今之變」者，乃指「不但要通以往的古之變的動力、法則、程序、目的；而且要通以往的古，如何變爲今的古，更要通今的古，如何變爲今的今；而且更要通今之今，又如何變爲未來的古，未來的今。」（張肇祺：史記：太史公書——中國人文文化生命之嚮往與追求，哲學與文化月刊，七十二年，六月號）之「古——古」、「古——今」、「今——古」、「今——今」變化之完全把握，以至於未來之古，未來之今一切變化規律。所謂「成一家之言」者：「成」、建立也；「一家之言」，非僅「言」而已，乃獨立自造中國文化之大傳承與大開創，以建立中國人文文化生命於其書中，而構畫出莊子天下篇所指出之「史——六藝——諸子」文化模式傳統於其書中。此即：「述往事——拾遺補藝厥協六經異傳——整齊百家雜語」者是也。故王允稱司馬遷爲漢之「通」人。鄭漁仲通志總序謂「六經之後，惟有此作。」崔適「史記探源」稱太史公書爲「五經之橐籥，群史之領袖。」張爾田「史微」則稱之爲「上儗六藝」。故太史公的——「通」：亦乃人文宇宙整體生命的無限嚮往與無窮追求的中國文化學術思想的大建構者。

㈤通之整體存在

總之：形上之「通」，乃整個存在的完全，根本，究極的把握；自然之「通」，乃一切對象的整體把握；人文之「通」，乃人文世界中一切問題的：「所過者，化；所存者，神；上下與天地同流。」（盡心）故：中國人之所謂「通」之者，必「通」——形上、本體、宇宙、知識、價值而爲一體以表現其：「萬物並育而不相害，道並行而不相悖」之「天地之所以爲大也」（中庸）的無所不「通」之——「通」之者，此也。故「聖人之所以成爲聖人，主要在一『通』字。聖人感而遂通。此感乃心靈之感。無所不通者，毫無障礙之謂。」（謝幼偉教授，論感通與解蔽）。蓋——凡：「道」，必通；不「通」者，必非道。是以，先師東美方公之言曰：「易之妙用、時間之條理，運轉無窮；往來相接謂之通。通——之爲言：交也。交也者，綿延賡續也。」（生命情調與美感）此乃周易之「易」：不易、變易、簡易之「感」而遂——「通」天下之「故」也。

八、「說」

說，不僅是在治學時，作爲語言表達的知識與技術的訓練，以及作爲語言表達的藝術的追求，所構成的語言的知識問題；更主要的，是在「說」中，我們在語言知識的運用中，語言表達的技術中，語言表達的藝術中，發現在「說」之前所未想到的，而竟也說得出來，說了出來；這都是我們在說之前的思考中沒有想到過的。不過中國人的說，向來就是辭簡而義豐，言近而指遠。

這是因爲「語言」在「說」之中，有三個層次：一是語字字義層次。二是含藏在語字文法與形式中的意義層次。三是超語字與文法形式與形式之外的意義層次。

「說」，對自己說，是獨思獨想的「沉思」。「說」，對別人說，是共思共想的「談」。「談」，對說而言，這就如海德格所說：「一切存在都是自我說明的。人，正在自我說明，自我展現。」海德格的這句話，正是「易，無思也，無爲也；寂然不動，感而遂通天下之故。」在西方的另一表達方式。不管說是屬於何種形式與情調的言談，但都是治學的大要訣。

我們在「論語」與「莊子」中聽孔子與學生的談說，我們在柏拉圖的對話錄中聽蘇格拉底與學生的談說，我們在「世說新語」中聽魏晉人的玄「談」，其談說之美，及其描繪的生動以及其甚深的啓示。這些古人的談說，簡約玄澹，頗能傳神；眞是「遷想妙得」，「澄懷觀道」之談說也。

從這裡，從「談」說的語言中，我們會發現「語言」的生命。所以，「說」的問題，不僅是語言的材料、技術、表達、知識的問題，還有語言生命本身的問題。

當然，演講、討論，和辯論也是「談」說的不同形式，更有助於「治學」的效果。「言」之談說——在人文世界中，要「敏於事，而愼於言；就有道而正焉！可謂好學也已。」（學而）。「言，而有信。」（學而）。「先行其言，而後從之，則言寡尤。」（爲政）。「其言也善」（泰伯）。「法語之言」，當從；「巽與之言」（子罕），當說（悅）。有時亦當「恂恂如也，似不能言者」。有時亦當「便便言，唯謹爾。」有時，亦當「侃侃如也，誾誾如也，踧踖如也，與與如也。」（鄉黨）。是以「夫人不言，言必有中。」（先進）蓋「仁者，其言也訒。」（顏淵）而且要達到「富哉言乎！」（顏淵）之境，「其言也順」。（名不正，則言不順；言不順，則事不成；事不成，則禮樂不興；禮樂不興，則刑罰不中；刑罰不中，則民無所錯手足。故君子：名之，必可言也。言之，必可行也。君子於其言，無所苟而已矣。）故其「言必信」（子路）與所謂「言忠信」（衛靈公），「言思忠」（季氏），皆言必忠於其言，信於其言。而「言中倫」（微子）。故「時然後言」，「訥於言」（里仁），「有德者必有言」。然而有時「有言者不必有德」（憲問）。所以，「不以人廢言」。然尤當知者：「可與言而不言，失人。不可與言而言，失言。知（智）者，不失人，亦不失言。」故「有一言而可以終身行之者」，乃知「巧言亂德」（衛靈公）。是以「君子一言以爲知，一言以爲不知；言，不可不愼也。」（子張）所謂「畏聖人之言」（季氏）者，乃戒與敬之謂也。「予欲無言」者，乃心入於「天」，而體透「天何言哉」（陽貨）之：「聖——默然」境界也。「無言」之美，孔子於周易乾坤兩卦文言言之曰：「乾始能以美——利，利天下，不言所利，大矣哉！陰雖有美，含之，以從王事。」莊子才跟著說：「天地有大美而不言」（知北遊）。但是，「不知言，無以知人。」（堯曰）者，凡人必在言中；而超越「言」者之人，斯乃入於「聖——默然」之境，尙有言乎？「無言」是也。

"If a man were to inquire of Nature the reason of her creative activity, andif she were willing to give ear and answer,she would say" Ask me not, but understand in silence,even as I am silent and am not wont to speak"

Bergson, Time And FREE WILL

九、「寫」

寫就是用文字把我們：讀——疑——問——思——知——感——通——「說」寫出來。

這個寫：包括箚記，隨筆、紀錄、卡片、報告、筆記、表解、眉批、注釋、翻譯、大綱、講稿、文稿、信札、論文、著書等。只有在「寫」中，才會完全使我們所治之「學」，開創出一個新境界。

這就是曹丕爲什麼要說：「文章經國之大業，不朽之盛事。年壽有時而盡，榮樂止乎其身；二者必至之常期，未若文章之無窮。是以古之作者，寄身於翰墨，見意於篇籍，不假良史之辭，不託飛馳之勢，而聲名自傳於後。」（典論論文）

所以，「寫」，既要「以立意爲宗」，更要以「能文爲本」，自己要求自己所寫的必定要達到「事出於沉思，義歸於翰藻」（昭明文選序）的傳統標準，雖不中，亦不遠也。

在「寫」中，那種超人的眞知特識，罕見的眞誠，無比而又尖銳的論證，豐富的想像力，清晰而又條理的藝術表達方式，才是我們在「寫」的當中所要追求的最高境地。

至於，「寫」的準備工作，主要目的、態度取向、思想內容、表達範型、敘述形式、修辭要求、寫作技巧等，這些長期的訓練與涵養乃是在我們從事「寫」的生涯之前，就要有痛苦與充足的準備。故學者之能「出辭氣」（泰伯）者皆在學，而其「辭，達而已矣。」（衛靈公），且「修辭」乃在「立其誠」（乾文言）耳。至於，如何寫學術論文與著書等問題，我們在「研究方法」的研究中再談。

十、「行」

因爲我們所治之「學」，既指知識性，學術性，道問學性；更指生命性，行爲性，尊德性性。而且，我們治學的基本態度與取向乃是「志於道，據於德，依於仁，游於藝」。因此，「行」就成爲我們治學要訣的「根本支撐點」。

所以，治學如沒有「行」，那我們所治之「學」，又放在什麼上面呢？這才是「道其不行矣夫！」其不「行」：「知者過之，愚者不及也。」過之，是不去行；不及，是不能行。這才是道其不明矣夫！其不「明」：「賢者過之；不肖者不及也。」過之，是不必明；不及，是不能明。皆不知「行」之在治學中是其最後的歸趨。所以在「博學之，審問之，慎思之，明辨之」之後，就必定是「篤行之」。

怎樣的「篤行」呢？「有弗學，學之，弗能弗措也。有弗問，問之，弗知弗措也。有弗思，思之，弗得弗措也。有弗辨，辨之，弗明弗措也。」這些都是在篤「行」其「有弗行，行之，弗篤弗措也。人一能之，己百之，人十能之，己千之；果能此道矣，雖愚必明，雖柔必強。」這就是「行」之「篤」也的——篤。

其篤：「或安而行之，或利而行之，或勉強而行之，及其成功一也」。因爲學與行分不開，故子曰：「好學近乎知，力行近乎仁，知恥近乎勇？」皆「行」之三進向，而一以「誠」爲其動力。蓋不「誠」，則不能「行」。是以孔子在乾文言之九二言曰：「君子學以聚之，問以辨之，寬以居之，仁以行之。」者，誠也。

總之，「治學」在知識性，學術性，道問學性方面要「行」；因爲任何理論都離不開實踐：實踐就是行。治學在生命性，行爲性，尊德性性方面更要「行」。

這個「行」，在乾卦象曰：「天——行：健；君子，以『自——強』，不息」。乾卦之「元」：就是「行」的本體，乃一動力系統，故大；因其爲「行」之所本，所始，所生。乾卦之「亨」：就是「行」的宇宙，乃一運作系統，故遠；因其爲「行」之所通，所達，所暢。

乾卦之「利」：就是「行」的知識，乃一功效系統，故深：因其爲「行」之所宜，所和，所效。乾卦之「貞」：就是「行」的價値，乃一目的系統，故久：因其爲「行」之所正，所固，所永。在「行」之中，「元者，善之長也；亨者，嘉之會也；利者，義之和也；貞者，事之幹也。君子體仁，足以長人；嘉會，足以合禮；利物，足以和義；貞固，足以幹事。君子，『行』此四德，故曰乾——元、亨、利、貞。」（乾，文言）所以，治「學」之行，當從周易「生生之謂易」的「生生」之「行」中求之；則知「行」不但在治「學」中爲其支撐點，就是在整個宇宙中，也是一個大化流「行」的生命世界。

「行」！如果沒有你！這世界還成什麼？

這一切的——「行」，都在「先行其：言；而後從之。」並且要「敏於行」（里仁）而「行，寡悔。」（爲政）更要「聽其言，而觀其行。」「其行己也恭」（公冶長），其「居敬而行簡」（雍也），其「行己有恥，行必果，中行」（子路），「行篤敬，禮以行之」（衛靈公），皆孔門「文、行、忠、信」（述而）四教之一也。所以「頌其詩，讀其書，不知其人可乎？是以論其世也。」（孟子，萬章）而要在其書中，知其人之「行」，而論其「世」，故始曰：「盡信書，則不如無書。」（盡心）

且治——「學」者之「行」也，「必先究悉乎萬物之『性』，通乎天下之『志』，一事一物，其條理縷析分別，不窒不泥，然後各如其所得，乃能道其長。」（焦循，雕菰集，卷七，述難五）蓋「以一心而容萬善，此所以大也。人惟自據其所學，不復知有人之善，故不獨邇言之不察，雖知其善，而必相持不下。凡後世九流二氏之說，漢魏南北經師門戶之爭，宋元明朱陸陽明之學，其始緣於不恕，不能舍己克己，善與人同，終遂自小其道，近於異端。是故人之有技，若己有之；知之爲知之，不知爲不知，力學之基也。」（焦循，雕菰集，卷九，一以貫之解）故「著書之派有五：一曰通核，二曰據守，三曰校讎，四曰摭拾，五曰叢綴。此五者，各以其近而爲之。」（雕菰集，卷八，辨學）此亦治——「學」之所「行」也。

總之，「學」——有的是「讀」出來的，有的是「疑」出來的，有的是「問」出來的，有的是「思」出來的，有的是「知」出來的，有的是「感」出來的，有的是「通」出來的，有的是「寫」出來的，有的是「說」出來的，有的是「行」出來的；顯有其一，而必隱有其八。然而這些都是「行」的不同途徑而已！然皆以「行」爲「學」之始，亦皆以「行」爲「學」之終。楊雄「法言」首爲「學行」：「學，行之上也：言之次也，教人又其次也。學，以治之；思，以精之。」王符「潛夫論」「讚學」第一。賈誼「新書」亦有「勸學」。「顏氏家訓」「勉學」。「中論」「治學第一」。劉勰「新論」既有「崇學」亦有「專學」，凡此皆學之行也。故章學誠在「原道」之外，有「原學」上中下三篇以論之。而龔自珍「默觚」

上十四篇全在論「學」。

故治——「學」之：「行」，乃爲雙軌：一行於自然、知識、經驗、學術、道問學、自明誠、誠之者；一行於人文、生命、心性、行爲、尊德性、自誠明、誠者。此所以：「天、命之謂：性」者乃「性、之德也；合『外——內』之道也。故時措之宜。」（中庸）以「率之」而行——雙行，則曰：「率性之謂道。」此「外——內」雙行合之於性，而率之始上達於形上之道，并修之，則爲——「教」：文化、學術、思想、典章、制度、文物，開物成務，經世治國，利用厚生，禮——樂教化……之所從出，故曰：「修道之謂教。」故此——「行」：「範圍天地之化，而不過；曲成萬物而不遺。」（易、繫辭傳）。此——「行」：「唯深也，故能通天下之志；唯幾也，故能成天下之務；唯神也，故不疾而速，不行而至。」（易、繫辭傳）。此——「行」：「盛德——大業，至矣哉！富有（外）之謂大業，日新（內）之謂盛德；生生之謂易。」（易、繫辭傳）「行」——而已！此——「行」：「觀乎天文以察時變」（易、賁卦）而於乾象言：「天——行：健；」此——「行」：「觀乎人文以化成天下」（易、賁卦）而於乾象言：「君子——以自強：不息。」如此，始乃孔門所謂「力行」者也。

治學的門徑

所謂治學的門徑，在這裡我所指的，乃是在掌握了治學十大要訣之後的「生命的至高上達」。

當我們在說、在想「生命的至高上達」時，這時就在我們的生命中，已有一個不自覺的力量在使我們向「生命的至高上達」去追求中，去打開自己生命的世界中，去建立中，去創造中，去完成中。當我們看盡了自然的萬般殊象，看透了人性的不同景象，看過了書中的層層智象，再回頭去看這個世界時，才發現一切偉大的學問，眞是要直接訴諸於我們的「整體」——生命的至高上達中。

眞是，「茫茫古今，積成感慨心胸；寂寂江山，洗出奇靈面目；於紛紛混混時，自提其神於太虛而俯之。」（史震林，西青散記）

宇宙一舞臺，人生一悲劇。雖然——"To be or not to be that is the question,"但我們還是要在知識層，一層一層往上爬：先爬過語言、文字、文學、藝術、符號知識表達層，再爬過方法知識層，然後爬過概念知識層，接著爬過系統知識層，再接著爬到生命的知識層，最後爬上了超越知識層，而入於生命至高上達的本身。所以，我們要分析知識，要綜合知識，要會觀知識乃是在知識、學問、智慧，生命的不斷追求中，要「積」、要「漸」，要「熟」；更要在「讀、疑、問、思、知、感、通、說、寫、行」中，層層上達。

懷黑德說：「一個大學所要做的乃是未來的創造：所謂理性的思想，文明欣賞的方式，都可以影響未來的創造。這個所謂的未來，大極了。其大，不管是成功也好，是悲劇也好，但都具有每一個的可能。」（The aim of philosoph）

「生緣何在？
被無情造化，推移萬態。
縱盡力，難與分疏；
更有何閒心，爲之偢倸。
百計思量，且交付天風吹籟。
到鴻溝割後，楚漢局終，誰爲疆界。
長空一絲煙靄，
任翩翩蹥翃，

泠泠花外。
笑萬歲傾刻成虛，
將鳩鶯鯤鵬隨機支配。
回首江南，
看爛漫春光如海。
向人間，
到處逍遙，
滄桑不改。」——王夫之、玉連環（述蒙莊大旨答問者）

然而，生命的至高上達，在王國維「人間詞話」中，指出——「古今之成大事業，大學問者，必經過三種境界」：

㈠『昨夜西風凋碧樹，獨上高樓，望盡天涯路。』此第一境界也。」——余則名之曰：探索之境界也。

㈡『衣帶漸寬終不悔，爲伊消得人憔悴。』此第二境界也。」——余則名之曰：考驗之境界也。

㈢『衆裡尋他千百度，驀然迴首，那人卻在燈火闌珊處。』此第三境界也。」——余則名之曰：發現之境界也。

在此三境界之外，我個人認爲生命在宇宙中之美的探險歷程中，欲上達至高的境界，更有六大階段：

㈠「春花秋月何時了！往事知多少？小樓昨夜又東風，故國不堪回首月明中，雕闌玉砌應猶在，只是朱顏改，問君能有幾多愁，恰似一江春水向東流！」（李後主，虞美人）此人類之在宇宙存在，必使災難從生命中化去者也。

㈡「莫聽穿林打葉聲，何妨吟嘯且徐行，竹杖芒鞵輕勝馬，誰怕！一簑煙雨任平生。料峭春風吹酒醒，微冷。山頭斜照卻相迎。回首向來蕭瑟處，歸去！也無風雨也無晴。」（蘇軾，定風波）——此人類之在宇宙存在，必使生命從痛苦中升起者也。

㈢「人生到處知何似？好似飛鴻踏雪泥，泥上偶然留指爪，鴻飛那復計東西。（蘇軾，和子由懷舊）——此人類之在宇宙存在，必當使生命無所固著也。

㈣「好鳥枝頭亦朋友，落花水面皆文章」——此人類之在宇宙存在，必時時在宇宙，自然，生命之喜悅中，使生命在自我的充實中，向前追求者也。

㈤「半畝方塘一鑑開，山光雲影共徘徊。問渠那得清如許，爲有源頭活水來。」（朱熹，觀書有感）——此人類之在宇宙存在，必當打開自己生命無窮的創造力，始有所建立者也。

㈥「閒來無事不從容，睡覺東窗日已紅；萬物靜觀皆自得，四時佳興與人同。道通天地有形外，思入風雲變態中；富貴不淫貧賤樂，男（女）兒到此是豪雄。」（程灝，偶成）——此人類之在宇宙存在，必使自我的存在與宇宙的存在，自我的生命與宇宙的生命，融而爲一；正如孟子所謂：「萬物皆備於我矣，反身而誠；樂莫大焉，疆恕而行，求仁莫近焉！夫君子：所過者，化；所存者，神。上下與天地同流。」（盡心）莊子所謂：「若乎乘天地之正，而御六氣之辯，以遊無窮者，彼且惡乎待哉！故曰：至人無己，神人無功，聖人無名」（逍遙遊）。實乃「聖人不由，而照之於天，樞始得其環中，以應無窮。天地與我並存，萬物與我爲一。」（齊物論）之至高生命所上達者也。

然「生命的至高上達」在老子是「致虛極，守靜篤；萬物並作，吾以觀復。夫物芸芸，各復歸根，歸根曰靜，靜曰復命，復命曰常；知常曰明，不知常妄作凶。」所透過「爲學日益，爲道日損；損之又損，以至於無爲；無爲而無不爲。」乃「常無，欲以觀其妙；常有，欲以觀其徼。」此空間生命之有無雙建而入於「衆妙之門」者。

在孔子是：「志於道，據於德，依於仁，游於藝。」而透過了「吾十有五而志於學，三十而立，四十而不惑，五十而知天命，六十而耳順，七十而從心所欲不踰矩」。以「與天地合其德」。此時間生命之乾坤並建而入於「聖者之境」也。

在佛家者是「眞空妙有」，「無所住而生其心」。故「法」——心是心，「義」——是體大、相大，用大，而以無相爲相，破相入性，以入於萬法平等。這乃是透過了「大徹大悟」的上迴向，不成佛而成佛與「大慈大悲」的下迴向，可能成佛而不成佛以入於「大乘」者。

「生命的至高上達」，最後一定要面對存在，進入存在，超越存在。這個生命至高上達的面對、進入、超越「存在」，在孟子則是：「可欲；之謂善；有諸己、之謂信；充實、之謂美；充實而有光輝、之謂大；大而化之、之謂聖；聖而不可知之、之謂神」。的生命層層至高上達——善、信、美、大、聖、神的層層上達中。

此「神」，在周易繫辭之言曰：「天之神道」，一也。「陰陽不測之謂神」，二也。「知幾其神乎？」三也。「精義入神」，四也。「窮神知化」，五也。「神而化之」，六也。「神明其德」，七也。「神而明之」，八也。「以通神明之德」，九也。「天生神物」，十也。「民咸用之謂神」，十一也。「知變化之道其知神之所爲乎」，十二也。「天下之至神」，十三也。「圓而神」，十四也。「神以知來」，十五也。「唯神也」，十六也。故「神也者，妙萬物而爲言者也。」凡此皆「幽贊於神明」者之謂也。

「生命的至高上達」——乃自外在世界：自然、知識、經驗、學術、道問學、自明誠、誠之者的「方以智」之「始條理」而入於內在世界：人文、生命、心性、行爲、尊德性、自誠明、誠者的「圓而神」之終條理；然後自終而反始，原始反終，層層上達，以入於「從心所欲，不踰矩」的「樂之者」的至高境界：「予欲無言」——的「神而化之」之境。

此所謂：「以道汎觀，而萬物之應備。通於一；而萬事畢。」（莊子，天地），「一心定：而萬物服。」（莊子，天道），「止之於有窮，流之於無止。」（莊子，天運）而「遊於物之所不得遯而皆存，安排而去化，乃入於寥天一。」（莊子，大宗師）「以乘天地之正，而御六氣之辯，以遊無窮者，彼且惡乎待哉！故曰：至人，無己。神人，無功。聖人，無名。」（莊子，逍遙遊）乃「天地與我並存，萬物與我爲一。」（齊物論）「獨與天地精神往來，而不敖倪於萬物，不譴是非，以與世俗處。上與造物者遊，而下與外生死無終始者爲友。其於本也，宏大而辟；深閎而肆。其於宗也，可謂調適而上遂矣。其應於化而解於物也，其理不竭，其來不蛻。芒乎昧乎！未之盡者。」（莊子、天下篇）

此亦所謂：「盡心，知性——知天；存心，養性——事天。修身，以俟之；所以立命也。萬物皆備於我矣，反身而誠，樂莫大焉；彊恕而行，求仁莫近焉；窮，則獨善其身；達，則兼善天下。夫君子：所過者，化；所存者，神；上下與天地同流。形色，天性也；唯聖人，然後可以踐形。可欲，之謂善；有諸己，之謂信；充實，之謂美；充實而有光輝，之謂大；大而化之，之謂聖；聖而不可知，之謂神。」（孟子，盡心）。

此——「生命的至高上達」，乃中國人之有以造之者：自「明明德，親民，止於至善」——「天命之性，率性之道，修道之教」而透過「學」以經歷：「善，信，美，，大，聖，神」而上達中華人文文化的至高典式：

「欽
明
文
思
安安
允恭——克讓
光被四表——格于上下
克明俊德——以親九族
九族既睦——平章百姓
百姓昭明——協和萬邦
黎民於：變
時
雍………。」——尚書・堯典・十三經

治學的方法

所謂治學——治哲學與人文學的「方法」，就是在治學的「功夫」中，掌握「要訣」而進入「門徑」之內把「方法」放在「治學」的目標之下，基礎之上，精神之境，內涵之地：

形上原理的追求：治學的「目標」——志道。

宇宙模式的掌握：治學的「基礎」——據德。

價值系統的建立：治學的「精神」——依仁。

生命大美的欣賞：治學的「內涵」——游藝。

這就是，治學——治哲學與人文學的方法，要有目標，要有基礎，要有精神，要有內涵，所以要從「志於道，據於德，依於仁，游於藝」開始出發去「學而時習之，不亦悅乎？有朋自遠方來，不亦樂乎，人不知而不慍，不亦君子乎？」地「獲得」方法，「闡揚」方法，「運用」方法，「表達」方法，「創造」方法，「批判」方法，從而「獲得」思想，「闡揚」思想，「運用」思想，「表達」思想，「創造」思想，「批判」思想；乃在從「積」、「漸」、

「熟」三大功夫中去磨鍊，去涵融，去體化；並透過了「讀——疑——問——思——知——感——通——說——寫——行」十大要訣的體現，才走上了「生命至高上達」的門徑。所以，治學——治哲學與人文學的方法，既要面對知識性、學術性、道問學性；更要面對生命性，行爲性、尊德性性。前者，爲自然知識系統的方法；後者，爲人文生命系統的方法；此二者，則統之於，會之於，貫之於「志於道——形上原理的追求，據於德——宇宙模式的掌握，依於仁——價値系統的建立，游於藝——生命大美的欣賞」的「道——德——仁——藝」之中。

我們要在這樣一個治學——治哲學與人文學的局面下，去考慮「方法」問題，「治學——治哲學與人文學」的方法問題，雖不中，亦不遠。故在朱子「總論爲學之方」中也就是以「這道體，浩浩無窮」（朱子語類大全卷八）開始而言要「得其要」，「須先立得箇大腔當了」，「知得箇大規模」，「識得道理，原頭，便是地盤」，「須就源頭看，教大底道理透，闊開基，廣造址」。所以，在朱子自己所編的「近思錄」也就是按著：「道體」、「爲學」、「致知」、「存養」、「克治」……這個系統下來的。並且，在朱子自己論爲學時也就是說：「某之爲學，乃銖積寸累而成。讀書之法，須是遍佈周密，寧下勿高，寧詳勿略，寧拙勿巧，寧近勿遠。大抵讀書，先且虛心考其詞意之所歸，然後要其義理之所在。讀書——唯是：虛心、篤志，詳玩爲功。讀書不可不先立程限，有時甚銳，終至不可理會。當循序而有常，致一而不懈。爲學：只要致誠，而耐久；無有不得。不須別生計較，思前想後。覺得閒思雜念起來，即掃除靜定，使心收斂，不容物，別慮自息。學者，不可先立己見，橫加解釋。」清張伯行對「近思錄」、「續近思錄」均有集解，而張伯行自己也纂輯了一本「小學集解」與「廣近思錄」外，還纂了一部「學規類編」足可參考。李塨也有一部「聖經學規纂」亦有參考價値。

因此，在我個人看，治學——治哲學與人文學的方法，除了語言與方法學的方法，哲學本身的方法，科學的方法，自然科學的方法，社會科學的方法，人文科學的方法，藝術的方法，道德的方法，宗教的方法外，我認爲治學——治哲學與人文學方法的「治學」的「治」法之所治者：

一、決定問題——研究對象。

二、掌握資料：

(1)**就範圍而言有**——

①自己書房一切自己研究的成果，包括卡片、筆記、圖解……論文與著作等，以及所蒐集成系統的圖書等各類資料。

②善用各類工具書。

③了解社會中有關本問題的各種動的資料。

(2)就內容而言有——

①作爲表現的資料：語言、文字、文學、藝術以及各種表達符號的熟用。

②作爲方法的資料：對各種方法的反覆研究與推敲以供所用。

③作爲基礎的資料：各種基本概念之獲得與重建。

④作爲專門的資料：專精性與技術性知識的熟練。

⑤作爲高深的資料：控制專精性與技術性的知識外，並專於又精於高度性與深度性的知識，以使專精性與技術性的知識的高度加高，深度加深。

(3)就程序而言有——

①蒐集資料。

②整理資料。

③考訂資料。

④管理資料。

⑤應用資料。

三、運作思維——問題的思考。

四、使用方法——從事研究。

五、完成表達——寫論文與著書。

六、引歸生命本身——知識本身的定位。

從我以上的觀點來看，「研究的方法」的研究就是：㈠如何作到獨立的閱讀。㈡如何在獨立研究中找出問題。㈢如何從廣而深的範圍中找到獨特的材料。㈣如何進行獨立的研究。㈤如何獨立思考。㈥如何構成獨立概念。㈦如何找出自己的範式。㈧如何構成獨特的體系等。我們也可以把他們歸納爲：㈠如何讀書：①找問題、②找材料、③找範式。㈡如何研究：①解決問題、②構成概念、③建立結構、㈢如何思考：①找出問題、②問題之所以成爲問題的地方、③解決問題的方法、④解決問題方法的內外意義、⑤證驗與結果。㈣如何表達——寫學術論文與著書。也就是如何才能作到從獨立、充沛、完整的思考力而到思考對象的整體建構，再到思考內容的完全表達，再進而突現獨特而又盡善盡美的表達形式。這是「治學——治哲學」的「實踐」研究工作，這成爲我們在以後的「研究方法」中要專門去研究的工作。

所以，治學——治哲學，研究哲學與人文學，在「鑽研哲學與人文學典籍，探索邏輯規律，考究語言工具，檢討主觀心理，核審客觀事實。」（張東蓀，怎樣研究哲學，民國廿五年，商務「讀書指導，」「第二輯」）之外，對於「治學——治哲學」硬是要有一個整體的了解與把握：它包括了：一、何謂治學？二、治何學？三、如何治學：①治學的功夫、②治學的要訣、③治學的門徑、④治學方法以及爲何而治學等。我想就我所已說的而言，也還是不夠的，這就要靠每一位作「治學——治哲學與人文學」的研究者自己來動一番「思考」的工作，去研究這「思考」的工作；這就在「研究」了。所以「研究」在「方法——思考」中，「方法——思考」也在不斷的「研究」中。要如此，我們的「治學——治哲學與人文學」的研究才能「苟日新，日日新，又日新；此謂知本，此謂知之至也。」（大學）。

總之，治學，研究學問，研究問題，在具有治學的各種訓練之外，一定要從讀書開始，在「讀——疑——問——思——知」中，要掌握各種資料，而資料的蒐集，整理，考訂，管理，應用在爲研究所用，不是爲蒐集而蒐集，爲整理而整理，爲考訂而考訂。因此，治學，研究學問，研究問題，要把握研究的程序，而研究程序的進行又決定於我們的思維。

然而在研究程序的進行中所用的方法，就是要把思維的方法運用在研究中以找出：獲得思想的方法，闡揚思想的方法，應用思想的方法，創造思想的方法，批判思想的方法，表達思想的方法來獲得思想，闡揚思想，應用思想，創造思想，批判思想，表達思想。所以，治學，研究學問，除了在「說」與「行」中，去追求不朽的自我外，「寫」更是一個不朽的自我表達方式。

因此，寫學術論文乃是一個大學研究所必須要求的訓練之一。在寫學術論文中的基本原則，進行程序，決定體式，引用資料，文字表達，寫作規範與技巧等，更是要反覆嚴格要求的。可是，假如研究者在研究中既無所「感」，更無所「通」，就是研究者不「抄書」，就是研究者把他文章的面目寫得來「衣冠楚楚」、「金玉其外」；像這樣的「學術論文」寫了出來，通過了學位的考試與審查，對自己的意義究竟又在那裡呢？我們自己又作何感想呢？我們是爲自己而治學呢？還是爲別人而治學？名也，利也，學之所以「講」也；亦學之所以「賊」也。此蔽自古而然，於今爲烈，豈不痛哉！此治學者之當知也。故孔子有志道之論，孟子有「造道」之言，荀子有「勸學」、「解蔽」、「正名」之篇，以戒學者也。

總之「讀書少，則無由考校得精義。學愈博，則義愈精。學貴心悟，守舊無功。爲學大益，在自能變化氣質；不爾卒無所發明，不得見聖人之奧。」（張橫渠，經學理窟，語錄）。

此乃：治學方法之主體精神之所在者：

一曰博。

二曰精。

三曰悟。

四曰變化氣質。

五曰聖人之奧。

此五者：已於——

1. 何謂治學？

2. 治什麼學？

3. 治學的功夫——「積、漸、熟」。

4. 治學的要訣——「讀、疑、問、思、知、感、通、說、寫、行」。

5. 治學的門徑——「生命的至高上達」。

6. 治學的方法。

六者之中，有所言之，而亦未盡言者也；唯讀者體而充之，類而廣之；其博、其精、其悟、其變化氣質、其聖人之奧，自是「黃中通理，正位居體；美，在其中，而暢於四支，發於事業；美之至也。」（易，坤文言）蓋此所以「聞一以知十」者也。

——本書以上各文連載於青年日報「中西文化」專刊版：自中華民國七十二年十一月十八日起至七十三年四月卅日止——

答：問「論語」公冶長——「聞一以知十」注

「注」有：字意的注，這是注解；「注」有意義的注，這是注釋；「注」有意內而言外（比興體語言）的注，這是注疏，所謂傳、箋、學、解以述之也。我在「如何治學」（青年日報「中西文化」版）中已注出「聞一以知十」是出自論語公冶長。此乃引證式（Citation notes）的注釋，而非參閱式（Cross reference notes）的注釋。公冶長，是論語中的一篇。所謂「凡訓蒙，須講究，詳訓詁，明句讀，爲學者，必有初，小學終，至四書，論語者，二十篇。群弟子，記善言。」因爲我在青年日報「中西文化」的「如何治學」中，引用了這句，而只注出它是出自公冶長，我也只點出這一點；這一點就是引證它是出自何處，至於「聞一以知十」的整個字義內容與意義氣勢，也就是這句話所表現的治學生命的生動描寫的要「注」，這就是靠讀者——研究者自己去從它的出處中來找出自己所要知道的，然後加以研究與體悟，就可以把字意到意義，而到意內言外之意的「注」，自己注了出來。注、流也、流出也；如原泉之流——注入海。

所謂：「論語者，二十篇，群弟子，記善言」的——「善言」是什麼言？

善言者：美言也，眞言也，充滿生命的言語，而表現在生命的各方面。我所以要引的，乃是它是「爲學」的善言，「爲學」的美言，「爲學」的眞言。也就是在「爲學」中充滿的生命語言。我之所引的「聞一以知十」這一句話的字意、意義、意內而言外之意，當然要從這一句的上下文和它的整個內容與氣勢來了解。

它的整個內容與整個氣勢在「公冶長」中是這樣的：——

子謂子貢曰：「女與回也孰愈？」

對曰：「賜也！何敢望回。回也！聞一以知十。賜也！聞一以知二。」

子曰：「弗如也！吾與女弗如也！」

在這四十四個字中，所記下來的，乃是孔門「爲學」生命的生動描寫。言簡而意活，辭約而義豐。一「問」、一「答」，一「結」之中，充滿的是善言、美言、眞言：是生命充滿的語言。這不僅是文學的上乘小品之作，這也不僅只是在「修辭」創造上達到了極致，這也不僅僅只是忠實於孔子與其門徒在治學修爲上的「窮情寫物」的描寫，而是指出了：

一、孔子的「善問」——這個善問，是孔子從反面、曲折而委婉的問，欲子貢自反也。——這在第一段中。

二、孔子的「善教」——這個善教，是孔子要子貢自己在答問中知道自己在爲學、作人，體悟上要向上不斷提升，非抑賜而進回也。——這在第二段中。

三、孔子的「善慰」——是孔子說出要子貢不必自餒，就是比不上沒有什麼關係，何況我老師自己，也是跟你子貢一樣不如顏回的，來安慰子貢的心，以使子貢釋然而安。此可見「聖人溥博如天，原泉混混如淵，不舍晝夜，有本之者而言近指遠，守約博施」。

這才是孔子的夫子自道：「仁者，其言也訒。」（顏淵）的充分寫照。因爲回爲德行之俊，賜爲言語之冠；這更是：「事外有遠致」的傳神描寫。尤其那六個「也」字所表現的。

「世說新語」，就在想像力上想追蹤論語的語言之美，以簡勁的筆墨，畫出它們的精神面貌，人物的性格，時代的色彩和氣氛，文筆超脫，追蹤論語的「辭氣」之美。

現在，我們要問：「聞」——是個什麼「聞」法？「知」是什麼？「一」是什麼？「十」是什麼？

何謂「聞一以知十」？

現在，我們以何晏集解皇侃義疏的「論語集解義疏」與何晏集解邢昺疏的「論語注疏」解經（宋本與十三經本）爲主來「注」一下——

孰——誰也。

愈——孔安國與鄭玄均注：「愈，猶勝也」。故我以為可作「更勝，更強，更好」解。毛子水先生在其商務出版的「論語今注今譯」中謂：「好一點。」好一點的那一點又何其「那一點」也，又何其太那一點也哉。而且「廣雅釋言，愈，賢也，賢勝義近。」（劉寶楠：論語正義）

對——答對，即今之回答也。

望——比而視之曰望。釋名：「姿容」也。茫也，遠視茫茫，即今之比得上，夠得上也。

聞——聽也，聽別人告訴他也。

一——「數之始」也。

十——「數之終」也，基數之全；全也，周遍也，通達也。張封溪曰：「一者，數之始；十者，數之終。二者，一之對。顏生體有厚識，故聞始則知終。子貢識劣，故聞始裁至二也。」繆播曰：「學末尙名者多，顯其實者寡。回則崇本棄末。賜也未能忘名存名，則美著於物。精本，則名損於當時」。簡朝亮曰：「自易言之，天一，為數之始；地十，為數之終。始終之象著焉。說文云：數始於一，終於十。孔子曰：推一合十為士。蓋（天地人）三才之義也。」（論語集注補正述疏）

知——蔣伯潛注：「推語」也。（粹芬閣，四書讀本）如何推呢？又如何語呢？「知」

之解，不止此。恐亦有其本然欽明文思之解。

弗如——趕不上，不及，不如。顧歡申包咸注曰：「回爲德行之俊，賜爲言語之冠，淺深雖殊，而品裁未辨，故使名實無濫，假問孰愈。子貢既審回賜之際，又得發問之旨，故舉十與二，以明懸殊，愚智之異。夫子嘉其有自見之名，而無矜剋之貌，故判之以弗如，同之以吾與汝，此言我與爾雖異，而同言弗如，能與聖師齊，見所以爲慰也。」此尤可見子貢自認弗如回，其心體，何其虛靈，何其自得，實得孔子三知之傳。

與——顧歡謂：「同也，和也，及也。」秦道賓曰：「爾雅云：與，許也。仲尼許子貢之不如也。」今本爾雅，無此解。唯廣雅云：與，許也。在此作「許」解，則小仲尼也。

也——疑問詞，語詞，「語已及助句之辭」（王引之「經傳釋詞」引顏氏家訓書證篇），呢，嗎之謂也。故玉篇曰：「也，所以窮上成文也。」此「也」亦作「焉，矣，者，耳，今，邪」諸解，其義頗豐，用之當，則文雅而情動於中，形於言也，頗有致外之感。

現在，我們來「語釋」——

孔子問子貢：「你與顏回，誰更強？是你呢？還是顏回？」

子貢答道：「弟子」賜，怎麼趕得上顏回，我實在不敢與他相比，而望其項背。顏回，聽其一就知其十。弟子賜，聽其一只知其二。」

孔子道：「你不如他！我跟你一樣，也不如他！」

「聞一以知十」的意義，從文字字意的形式意義，而文字意義的實質意義，而文字字意的意內而言外的生命意義，這一貫而整個的意義，又是什麼呢？先儒之中能窮究此整體意義之極者，又有幾人？孔子之問，非穎悟過人如子貢者，實不足以承之。所謂「多學而識之」，「予欲無言」，「空空如也」，「下學而上達」，「一以貫之」，「無所成名」，「學以致其道」者，一念——虛心，則已入「道」也。夫子迎其機，而進之曰：「弗如也，吾與女弗如也」，此正所謂「循循善誘」者也。非僅如楊樹達謂：『回也，聞一以知十。』美敏捷也」（論語疏證）而已。王船山云：「孔子是上下千萬年，吾道中，原有此不從事跡立功名，文字上討血脈，端居無爲，而可以立萬事萬萬之本者，爲天德，王道大意之存。」（讀四書大全說，卷四）。

「朱子集注多本何氏集解，然不稱某氏者，多所刪改故也。」（陳澧，東塾讀書記）然本之於各家，而以刪之之故不稱名，可乎？朱子一生學術工作以集大成名者，竟至於述而不稱各家之名，此若與孔子刪詩書，定禮樂，贊周易之學術風範比而觀之，則又爲何如耶？故朱注除「顏子明睿所照，即始而見終」一句爲其自得者外，其他上下各句皆非朱子自己之所自得者。

王船山「四書訓義」，在先儒中，確能窮究此整體意義之極者，故曰：「學者之詣，皆以所知爲其量。有知已至，而躬行心體有不逮者。未有不能知，而克行之者也。知量之大小、偏、全、深、淺；遲、速；因乎生質。生而知之者，未嘗不資乎聞以牖之，而舉其端即見其委，觸其末即達其本，而知量全矣。學而知之者，雖所聞在是，可因義類，以有所推廣，而究不足以盡所知之理。然苟能自知其不足，則力學以求『通』，亦可與生知者同功。此聖人所以惓惓於學知之人，而欲其探本原，以『會通』乎衆理也。

夫能學之，而能知之，又能推類以知之，其識量亦不小矣。以此自矜者，亦多矣。則若子貢者，以博而能通，爲聖門之最，而夫子恐其以此自矜也，乃詰之曰：賜女之在吾門，誠有敏達異於衆者，但以視回則何如乎？天之所授，不可強也。心之所喻，不可誣也。以窮事物之理，以審至道之歸，其敏鈍深淺之量，果孰愈焉！女豈不自知邪！子貢曰：夫賜亦嘗有意於如回，而覺回之涯量，有終不可幾及者，豈但言愈哉！即望之，而亦何敢也。天若有以限之，而盡情盡識不能出乎其域，欲勉焉，而不得至也。

夫回也，固或待於聞矣，乃非於聞，而僅通於聞也。甫有感發，則事理之初終具悉，修能之次序皆明，體全而用備。蓋聞一以知十焉！若賜也，亦未嘗無所知矣；亦非待聞而始知所聞矣。乃極其推測，覺事理之可通，修能之可進者，因此而得彼聞一以知二而已！

夫知之爲量，不大明於終始，則擇焉而不精者，守焉而不固。賜於是而窮矣，而安敢望乎？

於是，夫子亟稱之曰：賜而知不如回也，吾固知女之弗如也。回當聞之時，其幾之相迎也早，以異於女，則當知之至其理之不昧也。果有非女之所可及，雖斯道之不遠，反求之心，而女非不可得；而資稟之不及，實試之，知而女果有甚難，回之沈潛，即爲回之高明。女之明慧，即爲女之近小，安夫得而如乎。

雖然，患女之不知也，女既知其不如回矣，則業已知回之所知，實出於女之意想之表者，業已知回之所能知，實有不用涉獵之者。因是而以求之學至，而天將來復。吾所期於女者，此心。而汝已知之，女亦自是而益矣。豈曰天定而人不能爲功乎？蓋生知不可學，而不可學者，生也；可學者，知也。當之已熟，回安之而若性。求之不已，則一旦而忽通。知，有其不知者，而必不忍置之。子貢所以終得與聞於性天，而非執一善以自限者之所及也。」（船山全集(6)，四書訓義，卷九，八——九頁）（全集，四四七五——四四七七）王夫之此解，此釋，此疏——此訓，此義，非僅僅限於餖飣之學所能有以致也，實乃下學而上達，深得聖門之旨，超邁前人之「解」，之「釋」，之「疏」者，其「訓義」之篤也，之深也，之遠也，之高也，之悠也，之久也，直追孔門周易十大傳，非僅止於文字訓詁之注，乃爲經作一立體性之詮釋，誠「開生面」者也。

阮元謂治「經學當從注疏始。」（十三經注疏序）者，此也。

「聞一以知十」在天資沈潛而高明與學力廣博而精微之中——「要知爲學，最不好，是一個矜字；最好，是一個遜字。最看得自己不如人，方才有不得不進之勢。」（陸隴其，松陽講義，卷六、四——六頁）此子貢之所自得者也。

「聞一以知二」與「聞一以知十」的「知」：在「聞一以知二」的「知」中，有兩個知：第一個「知」是「聞一以知」的知，第二個「知」是「聞一以知二」的知。前者，是「聞知」；後者，是從「聞知」而「以知」——推悟的「知」。在「聞一以知十」中，亦然。但是，「聞一以知二」與「聞一以知十」的「聞知」與「以知」——欽、明、文、思的「知」又有層次的不同。

「聞知」是什麼「知」？

「以知」又是什麼「知」？

「聞一以知二」與「聞一以知十」之間的「聞知」與「以知」的不同，又在那裡呢？「知」之層級，又何其多也哉！

這幾個問題的回答，已在王而農的「訓義」中。

然而，子貢之答，入聖之答也；眞乃妙得聖人之旨；斯——「道」，非領悟過人，則不足以承受。比如觀水：「水、一也。孔子觀之，而明道體之無息。孟子觀之，而明爲學之有本。荀子觀之，亦云水至平，端不傾，見格物之學。」（困學紀聞，卷七）

知——「言」：難也哉！「辯口之毒，爲害尤酷。」（論衡）

知——「注」：尤難也哉！「爲言不益，則美不足稱；爲文不渥，則事不足褒。」（論衡）

知——「知」，知「知」之外，之上，更多所在也。「陰見默識，用思深秘；居不幽，思不至。」（論衡）

故：問——難，答——更難。「師師相傳，初爲章句者，非通覽之人。」（論衡）這就難怪韓非有「凡說之難，在知所說之心。」（說難）之嘆，指出「言」之難而易爲人所病者，不外十二端。（見「難言第三」）我的這個答問，是不是也有一點「問一而告二謂之囋。」（荀子、勸學）之病。蓋「善問者，如攻堅木。善待問者，如撞鐘。善教者，使人繼其志；其言也約而達，微而臧，罕譬而喻。記問之學，不足以爲人師。」（禮記、學記）

凡此，皆非我所能致者也。知言，知注，知問答，難也哉！

——本文曾刊於青年日報「中西文化」專刊版。民國七十三年六月七日——

「大其心：以體天下之物」

在今天，要做，或是要作「學問」，在每種學問的後面，至少都得有：一、一套方法學的訓練；二、一套知識系統的訓練；三、一套生命的自我充實與自我完成的動力、條件、構成、運作、目的的各系統的功夫。

一個眞正做學問的人，要同時具有兩重身分：一個是做學術工作者的身分——學術家；一個是作思想工作者的身分——思想家。做學術工作，對於材料、事實、構成知識的主體與客體的各類概念、方法的運用，知道得愈多愈好，方法愈多愈好，功夫愈深愈好。一個做學術工作的人，不一定在進入思想工作之後，一定要作一個思想家。但是，要作一個思想家，或是作一個哲學家，就不能沒有學術的嚴格訓練。只有一套知識系統，還不夠，愈多愈好。一套方法學，還不夠，愈多愈好，愈深愈好。一套生命的自我充實與完成的生命動力系統，條件系統，構成系統，運作系統，目的系統的功夫還不夠，愈多愈好，愈深愈好。

一個偉大的思想家，都是在做完了，做好了，做盡了他的學術工作之後，才出現的。當他以一個思想家的身份出現時，自然不用擺弄他的學術訓練。但是，在他的每一個字中，每一句話中，都可以看出他的「沉潛」——專精功夫；「高明」——淵博的修養；決「不爲孤陋與虛浮兩途所誤。」（阮元、江西校刊宋本十三經注疏書後；並刊入研經室三集卷二）

孤陋，是專精的病；虛浮，是淵博的病。淵博高明而不虛浮，必是專精的功夫做得夠，做得好，做得盡。沉潛專精而不孤陋，必是淵博的修養做得好，做得夠，做得盡；非此而言「義理心性之學」之所從「入」的「體悟」、非「愚」即「妄」。

義理心性之學，需不需要「認知」？請問：義理心性之「學」，是什麼「學」？假如說只是「身與理一」，「身與道一」之學，是「體會」之學，「爲學功夫」之學；又請問：「身」，是什麼身？「理」是什麼理？「道」是什麼道？「體會」是什麼體會？「爲學」功夫又是什麼功夫？這些從那裡來？是不是突然從天而降？認知與信仰與身體力行之間，其關係如何？

認知，有推理的認知，有直接的認知，有直觀的認知，也有超越這個三階段的認知。請問：義理心性之學，如不從認知的功夫入，那在「身與理一」、「身與道一」的那個「理」，那個「道」，又是什麼「理」？又是什麼「道」？在「身體力行」的「義理心性之學」，既然也是學，又是什麼「學」？認知不僅是使概念清晰；認知——是要透過——推理的認知——直接認知——直觀認知，而且在認知的過程中，有一個更重要的「功夫」，就是判斷。請問：下不下判斷？不下判斷，又如何能，如何去「身與理一」、「身與道一」，如何去做「爲學的功夫」。非此，那是一個什麼世界？

方法，不是萬能。但是孔子說過：「不以規矩，不能成方圓」。「爲學功夫」是不能沒有一般的方法與特殊的方法。「爲學方法」，不論從那裡說，都是「學而時習之」的「下學而上達」（孔子）的方法，都是「始條理者，智之事，終條理者，聖之事」（孟子）的方法。始條理者，德也；終條理者，道也。道者，德之原；德者，道之行。不始條理，如何終條理？終條理者，必自「始條理」入。這也都是「乾道變化，各正性命」的「正」的方法；都是「乾知大始，坤作成物」的「知」的方法與「作」的方法；都是「繼之者，善也；成之者，性也。」的「繼」的方法，「成」的方法；都是「成性存存，道義之門」的「成」的方法，「存」的方法；都是「聖人有以見天下之動，而觀其會通，以行其典禮」，的「見」的方法，「觀」的方法，「會通」的方法，「行」的方法。不通其「變」，不極其「數」，何以定天下之象？何以開物成務冒天下之道？何以通天下之志？何以定天下之業？何以斷天下之疑？所謂「易，无思也、无爲也；寂然不動，感而遂通天下之故」的「感」，是如何的「感」法？

「圓而神」，「方以智」的「圓」與「方」又從何而來？不能由中國固有的「訓詁字義」之方法入（尤其在國文程度低落的狀況下），請問「辭也者，各指其所之也」還成什麼話？我在此之所以能以辭來表達心之所思，義之所指，理之所存，性之所向，又何由而出？如其所說，則易之各「辭」皆可取消。如其所說，皆可束書不讀，遊談「義理心性」之學而無所入，大可以以「今」之聖人自居。

「天命之謂性」的「性」，「率性之謂道」的「道」，「修道之謂教」的「教」，都在「率」——「自誠明」謂之「性」；都在「修」——「自明誠」謂之「教」。自誠而明，是「率」的功夫，自內而外，自上而下的功夫。自明而誠，是「修」的功夫，自外而內，自下而上的功夫，這種自上而下，自內而外，同時又要自下而上，自外而內的既「率」且「修」的功夫，是不是學問方法？尤其是不是原始儒家所並持並行的學問方法呢？既要自誠明，同時又要自明誠。不從這裡入，又從何入？「誠則明也，明則誠也」是何道理？假如不從認知與判斷入，不從概念思考入，不從訓詁字義入，又從什麼入呢？入，又如何入？的確必得要從此入，但又不一定能上達。這就要靠語言、文字、概念、系統的超越功夫了，這就是所謂：「神無方而易無體。」

但是，「談」——心性義理之學，如不讀書，不從中國固有的訓詁字義之方法入，不從抽象概念思考入；而不思考，不判斷，不踐形，是不是自然而然就能造成滿街都是聖人呢？

我想，我還是最好用宋儒的話來作爲結束：

「大其心，則能體天下之物；物，有未體；則心，爲有外。」——（張載：正蒙，大心篇）

（本文曾刊於《哲學與文化》月刊七卷八期六十九年八月）

「中華人文生命中之『師』『儒』傳統」

——並以此文為中國文化大學正名慶

中國古有「師以賢得名，儒以道得名」（周禮太宰）之六藝人文文化生命教育傳統。這個傳統，就是：師在傳賢，儒在傳道，而兩者並存。傳賢者，傳其生命所追求之理想境界也；即傳民族生命之大靈魂者也，亦即傳「心」之學也。傳道者，傳其生命所實踐之現實境具也；即傳民族生命之大體象者也，亦即傳「體」之學也。二者，並建以俱存也。

心在體中，體以心顯。二者，必不可分離。此周易所謂「形而上者謂之道，形而下者謂之器」。道，必由心見；師也。器，必以體存；儒也。全在「化，裁以變」；「推，行以通」；「舉，措以事業」。所謂「日新之謂盛德」者，心之見道，師也；所謂「富有之謂大業」，體之存學，儒也。所謂「乾知大始」，心之見道，師也；所謂「坤以簡能」，體以存學，儒也。所謂「成象之謂乾」，心之見道，師也；所謂「效法之謂坤」，體之存學，儒也。所謂「易，則易知；簡，則易從；易知，則有親；易從，則有功。有親，則可久；有功，則可大。

可久，賢人之德；可大，則賢之業。『易——簡』，而天下之理得矣！天下之理得，而成位乎其中矣！」（易繫辭傳）此中庸所謂「尊德性而道問學，致廣大而盡精微，極高明而道中庸」之所從出，而不失師儒一體之傳統也。尤必知中庸主張：「性之德也，合外內之道也，而時措之宜」，乃承自周易生生之德：有以不息者，乾元大生之德也；有以無窮者，坤元廣生之德也。故生生不息，生生不窮之德，必在「性之德也，合外內之道，而時措之宜」之中。故乾坤並建，師儒一體。

周易之以乾坤爲門而上達太極，其在此乎？周易之以乾坤並建而一以太極統之，其在此乎？此六藝人文文化生命教育傳統之「師儒」之所以並建而統「中」者也。

阮芸台有言：「孔子以王法作述，道與藝合，兼備師儒」（清史儒林傳序）。劉師培亦謂：「孔子徵三代之禮，訂六經之書，徵文考獻，多識前言往行：凡詩書六藝之文，皆儒之業也。孔子衍心性之傳，明道藝之蘊，成一家之言，集中國理學之大成；凡論語、孝經諸書，皆師之業也。蓋述而不作者，爲儒之業；自成一家言，爲師之業。曾子子思皆自成一家言者也，且爲宋學之祖。子夏荀子皆傳六藝之學者也，是爲漢學之祖。故孔子者，乃兼具師儒之長者也。孟子言孔子集大成，殆以此歟！」（國學發微）。此一六藝文化傳統精神已完全展現於周易乾坤兩卦彖傳，象傳，文言傳，以及繫辭傳中。

故孟子者，傳「心」之學也，此師之業也。

故荀子者，傳「體」之學也。此儒之業也。

此二者，既不可偏舉，亦不可偏廢；尤不可執一端以衡全，此論六藝之教者之所知也。以是，在今日人類文化所追求者，中國哲學生命之「道」與西方哲學知識之「學」之會通統貫，亦必並舉者也。此亦宋儒所謂「有有德之言」、「有造道之言」實同其「致廣大而盡精微，極高明而道中庸」。故自誠而明，自明而誠，乃「性」之德：必合外內之道。合之，必之之；此乃自黃帝設官，立史，統中，從堯舜而洪範九疇之第五疇——皇極：大中——所表現於「易」——「六藝」之中國文化哲學與哲學文化之中者也。章學誠謂：「六經，皆史也。若夫六經，皆先王得位行道，經緯世宙之跡，而非託於空言。」（文史通義，易教）。「三代之衰，治教既分，夫子生於東周，有德無位，懼先聖王法積道備至於成周，無以續且繼之者，而至於淪失也，於是取周公之典章，所以體天人之撰，而存治化之跡者，獨與其徒相與申而明之，此六藝之所以雖失官守而猶有師教也。然夫子之時，猶不名經也，逮夫子既沒，微言絕而大義將乖，於是弟子門人各以所見所聞，所傳聞者，或取簡畢，或授口耳，錄其文而起義。」（文史通義，經解）。孔子兼具師儒之傳統而爲集大成者，「已由司徒世官，上躋史官之統，兼道家。」（張爾田；史微，原儒）。不僅此也，亦兼明各家之統。無乃繼之者，分之而已。故莊子天下篇有謂：「天下之治方術者，多矣！皆以其有，爲不可加矣！古之所謂道術者，果惡乎在？曰無乎不在。曰神何由降？明何由出？聖有所生，王有所成，皆原於一。……古之人，其備乎？配神明，醇天地，育萬物，和天下，澤及百姓，明於本數，係於末度，六通四辟，小大精粗，其運無乎不在：其明而在數度者，舊法世傳之『史』，尙多有之；其在於『詩書禮樂』者，鄒魯之士，搢紳先生多能明之：詩以道志，書以道事，禮以道行，樂以道和，易以道陰陽，春秋以道名分。其數散於天下，而設於中國者，『百家之學』，時或稱而道之。天下大亂，聖賢不明，道德不一，天下多得一察焉以自好。譬如耳目鼻口，皆有所明，不能相通，猶百家衆技也，皆有所長，時有所用。雖然，不該不遍，一曲之士也。——判天地之美，析萬物之理，察古人之至，寡能備於天地之美，稱神明之容。是故：內聖外王之道，闇而不明，鬱而不發，天下之人，各爲其所欲焉，以自爲方。悲夫，百家往而不反，必不合矣，後世之學者，不幸不見天地之純，古人之大體；道術將爲天下裂。」此「內聖外王」之道，裂也；裂，合之可也。此自中庸而大學之人文文化生命傳統，已合之之也。中庸所謂：「天命之謂性，率性之謂道，修道之謂教，故君子尊德性而道問學，致廣大而盡精微，極高明而道中庸。性之德也，合外內之道也。自誠明謂之性，自明誠謂之教」。此內外合一，性教一體，而大學更一貫而言之曰：「大學之道，在明明德，在親民（人本主義），在止於至善。」其內聖之道：「誠——意，正——心，修——身」之在定、靜、安、慮、得中修爲也；其外王之道：「齊——家、治——國，平——天下」之在定、靜、安、慮、得中推行也；然皆賴格物——科學，致知——哲學雙修兼備而一貫之者也。此乃達到明德，親民（人本主義，人道主義，人文主義），止於至善之展開也。此亦堯典所謂：「欽、明、文、思、安安、允恭克讓，光被四表，格於上下，克明俊德，以親九族，九族既睦，平章百姓，百姓昭明，協和萬邦，黎民於變時雍」之中國人文文化生命之具體而微所表徵的「典式」者。伊川不亦云：「涵養須用敬，進學在致知，須是識在所行之先，譬如行路，須是光照」乎？元晦不亦云：「尊德性，所以存心而極乎道體之大也。道問學，所以致知而盡乎道體之細也。二者，修德凝道之大端也，不以一毫私意而自蔽，不以一毫私欲自累」乎？（四書集註）

漢唐之訓詁，疏解，宋明之性理道學，清代之考據典制，皆六藝之教之中國學問所疊現者也，外此而所謂中國之學問，尙多有之，亦不可動加排拒者也。

明羅欽順謂：「既不知尊德性，焉有所謂道問學？此言未爲不是，但恐差認卻德性，則問學直差到底原。所以差認之故，亦只是欠卻問學工夫。要必如孟子所言博學而詳說以反約，方爲善學。」（困知記）。

故章學誠謂：「道不離器，猶影不離形。後世服夫子之教者自六經，以謂六經載道之書，而不知六經皆器也。易之爲書，所以開物成務，掌於春官太卜，則固有官守而列於掌故矣。書在外史，詩領太師，禮自宗伯，春秋各有國史。三代以前，詩書六藝，未嘗不以教人，非爲後世尊奉六經，別爲儒學一門而專稱爲載道之書者。蓋以學者所習，不出官司典守，國家政教，而爲其用，亦不出於人倫日用之常，是以但見其爲不得不然之事耳。夫子述六經以訓後世，亦謂先聖先王之道不可見，六經即其器之可見者也。後人不見先王，當據可守之器而思不可見之道，故表章先王政教與夫官司典守以示人，而不自著爲說，以致離器言道也。其後治學既分，不能合一，天也。歷代相傳，不廢儒業，爲其所守先王之道也。」（文史通義，原道）。且「易曰：『成象之謂乾，效法之謂坤』。學也者，效法之謂也；道也者，成象之謂也。夫子曰下學而上達，蓋言學於形下之器，而自達於形上之道也。『士希賢，賢希聖，聖希天。』希賢希聖，則有其理也。」（文史通義，原學）。

而曾國藩當年致劉孟容書又頗有所謂云：

「文章之純駁，一視乎見道之多寡以爲差；所謂見道多寡之分數，何也？曰：深也，博也。後之見道，不及孔氏者，其深有差焉！其博有差焉！能深且博而屬文，復不失古聖之誼者，孟氏而下，惟周子之通書，張子之正蒙，醇厚正大，邈焉寡儔。許鄭亦能深博，而訓詁之文，或失則碎。程朱亦且深博，而指示之語，或失則隘。其他若杜佑鄭樵馬貴與王應麟之徒，能博而不能深，則又流於蔓矣！游楊金許薛胡之儔，能深而不能博，則文傷於易矣！由是有漢學宋學之分，齗齗相角，非一朝矣。竊欲兼取二者之長，見道既深且博，而爲文復臻於無累。」此滌生之爲有清一代不爲時向所拘而能出類上達者。

是以「下學而上達，知我者，其天乎？」（憲問）的孔子，在「學」上，以切身體驗所得而言之曰：「學而不思，則罔；思而不學，則殆。」（爲政）；並謂「蓋有不知而作之者，我無是也。」（述而）；「好仁，不好學，其蔽也愚；好知不好學，其蔽也蕩；好信，不好學，其蔽也賊；好直，不好學，其蔽也絞；好勇，不好學，其蔽也亂；好剛，不好學，其蔽也狂。」（陽貨）；「生而知之者，上也；學而知之者，次也；困而學之，又其次也；困而不學，民斯爲下矣！」（季氏）；「中人以上，可以語上也；中人以下，不可以語上也。」（雍也）；「學，而時習之，不亦悅乎！」（學而）；「博學於文，約之以禮，亦可以弗畔矣夫！」（雍也）。子貢謂「夫子焉不學」（子張），而孔子自謂「吾嘗終日不食，終夜不寢，以思；無益，不如學也。」（衛靈公）；「學如不及，猶恐失之。」（泰伯），惟「篤信好學」（泰伯）；孔子之「博學而無所成名」（子罕），乃「默而識之，學而不厭，誨人不倦，何有於我哉！」（述而），皆來自「德之不修，學之不講，聞義不能徙，不善不能改，是吾憂也」（述而）之「若聖與仁，則吾豈敢」（述而）所生也。

故孔子之集大成者，乃自三代周公以來集師儒之六藝人文文化生命教育傳統，下「學」而上「達」之者，皆在學之之也。無學，何能如之乎？「周公集治統之大成，而孔子明立教之極」（文史通義，原道。）皆在於學，無學，何以由之？故道以學立，學以道成；「師─儒」，一體。「觀其所教，固有區別，而德行、道德，科目仍一貫也。」（柳詒徵，中國文化史，一九八頁）；「三代共尊之，而不遺也。」（龔自珍，古史鈎沉論）。此中國人文文化生命之根本傳統也，亦爲中國文化大學創辦人張其昀博士自師承柳翼謀先生以來，一生所追求者；故翼謀先生之「國史要義」，「中國文化史」，其昀先生之「中華五千年史」，在中國文化大學可定爲各院系學生共同必讀之基本參考書乎？

（本文曾刊於《哲學與文化》月刊七卷八期六十九年八月）

「比較」——的方法之心靈的探索

一、中國人的「比較」——心靈

「比較」一辭，在中國人的學問中，「比較」的——「比」，就作「較」——「校」解：周禮鄭注賈疏的周禮天官宰夫的「凡禮事，贊小宰比官府之具」的注「比」就注爲「校次之」，而疏：則爲「校次之，使知善惡是否也」。國語齊語所云：「比校（較）民之有道者」的注「比校」爲「方」就是作爲所以爲「方」之法去了解的。是以，中國人的「比較」二字有：

㈠考校作「校次之」的解釋，是指「比較」有考校分類排列其秩（次）序的意義。

㈡作「知善惡是否」的解釋，是指「比較」有對道德價值與知識價值下定義與作判斷的意義。

㈢作「比較民之有道者」的解釋，是指「比較」有價值判斷的意義。

㈣作「比校」（較），方也」的解釋，是指「比較」乃方法上的導向意義。

所以，中國人對「比較」一辭，同時包括了：

㈠對客觀事物的分類排列使成爲一個秩（次）序。

㈡在比較任何對象中，必須下定義，作判斷，而且要對道德與知識作整體的價值判斷。

㈢純然「有道者」的價值判斷與上達存在本身的追求是不可分的。

㈣比較，本來就是一種思考的方法之進行以爲「道」者的導向。

因此，中國人把「比」作「況」解有「比物醜類」①之語；「醜類」者，比類也；故「況物比類」就是在對各種客觀之事物的敘述中要加以分類的排列而使其成爲一個秩序。故「比」之引而爲「從善」之義，在詩大雅皇矣云：「王此大邦，克順克比」的「比」就作此解。故左傳昭公二十八年曰：「擇善而從之曰比」。這樣，中國人把「比」——較，作「綴輯整比」、「治也」，「具也」，「同也」，「齊也」，「輩也」，「則也」，「例也」，「喻也」，「輔也」，「近也」，「親也」，「和也」，「樂也」，「密也」，「從也」，「附也」，「偏也」……「及也」等不同意義的了解，是有其多重的意義與多重的層次的。這乃是因爲中國人的心靈—在「不易」、「變易」、「簡易」的存在三個層次中，乃是一個多重取向的「會通」心靈。這個心靈從「方以智」而上達「圓而神」，然後再從「圓而神」的「易：无思也，无爲也；寂然不動，感而遂通天下之故」。故周易繫辭傳始曰：「神、无方；

而易，无體」。這不是以「感」爲體。（此非如「世說新語」文學第四所載：釋慧遠答殷荆州問：「易以感爲體。」者）。

因此，在「周易」的「易」，有一卦，名曰：「比」。周易經文比卦卦辭：「比、吉。」正義曰：「比、吉者，謂能相親比而得其吉。兩相親比，皆須永貞。」因爲這一卦是坤下坎上，也就是地在下，水在上；故子夏傳曰：「地得水而柔，水得土而流，比之象也。今既親比，故云：比，吉也」。虞翻解「比」卦曰：「師二（師卦第二爻），上之五，得位；衆陰順從，『比』而『輔』之，故吉；與大有旁通。」王船山周易內傳曰：「相合無間之謂比。此卦，群陰類聚，氣相協，情相順；而一陽居中，履天位，爲群陰之所依附，無有雜閒之者，故爲比」。故在「比」卦中，「比」的符號所指謂的意義有：

㈠「比」，必有一主之者；這就是它指出——從事於「比較」的心靈活動，必有一標準與理想爲其「比較」的指導原則；也就是在「比較」的思考中，必有一自覺或不自覺的先設原理存於其中以進行其判斷；不管是分析判斷或綜合判斷，決定判斷或反省判斷，肯定判斷或否定判斷；不然，則無由比較，不得所終。故易比卦上六曰：「比之無首、凶。」象曰：「比之無首，無所終也。」

㈡「比」，有從同中求異之比，與從異中求同之比；異中亦有同，同中亦有異，此「比」

皆是：

⑴「相合無間」——凡「比」必有所「偏也」，則必「附」，則必「從」，則必「密」，則必「和」，則必「親」，則必「近」，必「及」。這就是對各種差別世界的「比較」，在「則」、「例」、「輔」、「具」中，最後必然要上達一個「相合無間」、「無有雜閒」的「會通」心靈世界之存在的所「及」乃無所偏。

⑵「群陰類聚」——凡「比」必有所「密也」，則必「樂」，則必「和」，則必「輔」，則必「齊」，則必「同」，則必「具」，必「治」。這就是在各種差別世界中的「比較」，所要求的「類」愈多，其比較所聚之「類」，更能顯出「比較」的意義。

㈢「比」，必「有孚」，則「比之」——此比卦初六之辭；這就是「比較」，必從眞誠開始；否則，比較就不能成立，不能成其比較。

㈣「比」，有——「內比」，故此卦六二曰：「比之，自內貞吉。」象曰：「比之，自內；不自失也。」——這就是「比較」，必從其內在系統中去比較以附從之。故崔憬曰：「自內而比，不失己親也。」②正義云：「不自失其所應之偶」，乃「比較」不自失其以「類」而相對比較之於內在的一體性的意義。

㈤「比」，有——「比之匪人」，故此卦六三曰：「比之，匪人。」故象曰：「比之，匪人；不亦傷乎！」——這就是「比較」，要從之其人，而且要一個人有「大其心，以體天下之物」③的比較心靈，才能得其所立之人；非其人，則其在「比較」中之選擇，傷也，也就不成其爲比較，失其比較的意義了。

㈥「比」，有——「外比」，故此卦六四曰：「外比之，貞吉。」象曰：「外比於賢，以從上也。」——這就是「比較」，亦必從外在系統中去比較以立其比較系統。故王弼注曰：「比，不失賢；處，不失位；故貞吉也。」④因爲比較要眞懂得比較之所以爲價值定位者，而達到縱橫貫通，廣大悉備的系統要求；不然內失其「所以」爲比較，而外失其比較的「客觀」系統。

㈦「比」又有——「顯比」，故此卦九五曰：「顯比，王用三驅，失前禽；邑人不誡，吉」。象曰：「顯比之吉，位正中也。舍逆取順，失前禽也；邑人不誡，上使中也。」——這乃是「比較」必從一個「公」——「允執其中」⑤的「皇極」⑥——「大中」的：開放的系統比較；非從一個「自我中心」的「私」——「偏、陂」的「無有比德」的：封閉系統的比較。故王弼注曰：「顯比也者，比而顯之，則所親者狹矣。夫無私於物，唯賢是與，則去之與來皆無失也。」所以，比較是要從一個「執大象，天下往」⑦的心靈主體去比較。故老子在常道與非常道的比較中以見道本；在常名與非常名的比較中以見名始，在無與有的比較中以見道名之爲天地始與萬物母。故乃從比較心靈中始日有無相生。所以，虞翻注曰：「顯比，謂顯諸仁也。」②仁，則公，則大也。比不但「顯諸仁」，而且「藏諸用」。⑧

總之，中國人的「比較」心靈，已充分表現在周易象徵符號：「䷇」比卦的「意義」中。所以，孔門在乾坤的比較中，必上入太極，下開周易整個符號世界。而且，我們要了解，周易的卦辭，爻辭都是比興體的語言；也就是象徵的語言：「言在於此，而意及於彼」以「各指其所之」⑧也；不懂得這一層，就恐難體悟其「妙萬物而爲言」⑨的所指了。故章學誠有言：「易象，雖包六藝，與詩之比興，尤爲表裡。故易象，通於詩之比興。」⑩所以，比卦之辭與傳之所指有在人事之外并兼物理而言之也。故序卦曰：「衆必有所比，故受之以比；比者，比也。」

這就是中國人的「比較」心靈之所在。此所謂「方以類聚，物以群分。夫易，彰往而察來，而微顯闡幽，開而當名辨物，正言斷辭，則備矣。」⑧皆從心靈在比較的思考中而當名、辨物、正言、斷辭，則備也之備於形上之道與形下之器的「化、裁、推、行」的「變」、「通」之中，「其稱名也小，其取類也大，其旨遠，其辭文，其言曲而中，其事肆而隱。」⑧

二、「比較」——的知識性思考

因爲人類的——「比較」思考方式，看起來像是「思想」的一種「外觀」活動；然而，它的內面，後面又有沒有「內省」的心靈存在呢？我們要知道：心靈在「內省」的意識中，才能從「思想」投出它的「外觀」思考活動。因爲心靈就有將各種不屬於自身的事物，在比較活動中，統合在一起的功能。因此，透過我們感官知覺——「外觀」的比較思考，所觀察到的就是：自然（這個自然是自然思考與哲學思考的一體呈現）。人，要打開自然之謎，是從人創造文化的原始比較活動中就已開始，它是從人的基本的特定官能中而來。科學，發展到今天，越來越以複雜的交結比較形式加入人類的人文世界，而爲人性的一種表現。Willam Jerusalem在他的 Einleitung in die Philosophie中說：「根本的統覺，是把環境之諸程序，由宇宙之語言，譯成人類之語言，在結合各種感覺，組成統一的知覺，是由有機體與其環境之共同合作發生出來的，其最根本法式，爲基本的統覺。人類認識作用，在乎運用實體（Substance），關於存有（Being）之理論。」（陳正謨重譯）

康德在他的「實踐理性批判」的結論最後就有這樣的話：「一言以蔽之，科學（在批判中去追求，在方法中去發展）是引導到智慧之學的一道窄門。當我們從這樣一個了解去看時，科學不僅是告訴一個人的是應該去作（應然）的是什麼，而且應當拿來作爲教者（研究者）去到智慧所開出來的一條坦蕩，而又爲每個人都應該跟從的正路，以使得其他的人不致誤入迷途。」（本文作者譯）（In a word, Science（Critically sought and methodically directed）is the narrow gate that leads to the doctrine of wisdom, when by this is understood not merely what one ought to do but what should serve as a guide to teachers in laying out plainly and well the path to wisdom which everyone should follow, and in keeping others from going astray.（Translated by Lewis White Beck）所以，人類用他的想像與官能去了解自然，表達出他的思考方法——「比較」的思考，從原始人用「火」的時候，就已開始。人類心靈本身的特性就表現成爲一種高度的統合結構，其結構就是建立在高度的統合「比較」之上。這樣，人才能成爲世界的建造者與結構者。人，更在想像力的完成中，成爲時空心靈構造者與行爲模式創造者，它不僅包括了實在內在，更包括了實在的超越之物的一般內在。

人，在觀察事物或研究道理中，發現不同的現象與道理之在心意上所引起的差異，乃是從感官知覺到理性本身都在進行著不同層級的「比較」活動。但是，在感官經驗中，有被注意到的，更有未被注意到的。所以，「比較」有自覺的比較，更有不自覺的比較。這種本能的比較活動，在人類心智活動中，不斷以各種不同的面目出現。這個不同面目中，既有意識活動，又有意識對象。（請參閱鄔昆如教授「胡塞爾現象學」）。

人類的「比較」——認識活動，從人認識自己的那個「自我」的我，就已開始；也即是從認識我這個「自我」在環境中反應的我而到其他的不同「自我」的我在文化中的活動就已開始。這種從我這個「自我」的我的「同一」，到與其他的「自我」的我的「不同一」，乃是要把我的「自我」的我的「同一」的心理要求，投射到其他的「自我」的我，以要求與我的「自我」的我「同一」而又不能「同一」時，所產生的「不同一」的感應意識之比較。「比較」——的思考活動，就是從思考本身展開於我的「自我」的我，而到其他的「自我」的我之間的：我的「同一」與我的「不同一」感應意識活動之在「比較」思考中的展開。

這種「同一」與「不同一」感應意識的比較認知活動，就是「心靈的思維與物體的擴延」⑪在人類理性上的表現。所以，從「不同一」的感應意識之比較而來的「同一」的思維，成爲形式邏輯上的根本思想規律：「同一律」。

形式邏輯上的三個基本思想規律：㈠同一律；㈡矛盾律；㈢排中律。這三個規律，都是從「不同一」的比較感應意識而來的「同一律」的思考。因爲「同一律」的「**a**等於**a**，**a**函**a**：即是任何一項**a**，如果其意義一經確定，則它即是其自身，而不是其他；也即是每一事物和它自身是「同一」的。因此「同一」（Identity）一字，從反面看，乃在指明——「與繁多的，重複的，或互異的符號有關係的指涉之永久性。」⑫「矛盾律」是要求不矛盾，要求「同一」；「排中律」是要求不跟這個「同一」，就跟那個「同一」，而排斥「不同一」。

因此，「同一」，是「比較」——「不同一」的原始起點；而「不同一」，更是「比較」的「層創」意識之推動力；所以「矛盾律」與「排中律」是比較的正反鈕鍵。

我們從這三個思想規律中，看出來：人類從心靈中把感官知覺的活動推到理性本身的思考，都是建立在：「生理——心理——物理——社會——自然」而到理性本身的層層「反省」之高度綜合的整體結構的「比較」意識之上。

因爲「所有的人在本性上都渴望求知。對於這一點的指出：就是我們在我們的感官中所得到的愉悅；甚至連它們的用處也不要管，就是因爲在感官中所得到的那種愉悅本身，才爲人們所愛著；特別是感官中的視覺世界，所給人們的愉悅之愛，尤在其他的感官之上。因爲，這不是僅僅只以某一個觀點就採取的行動；而且，甚至當我們并不想作事的時候，我們也寧願看我們所要看的（可以有此一說），而不管其他的事情。這個理由乃是：在所有的感官中，就只有視覺才最能使我們知道，并帶著我們照見了各種事物之間的差異是什麼。」（本文作者譯）（All men by nature desire to know. An indication of this is the delight we take in our senses; for even apart from their usefulness they are loved for themselves; and above all others the sense of sight. For not only with a view to action, but even when we are not going to do anything, we prefer seening (one might say) to everthing else. The reason is that this, most of all the senses, makes us know and brings to light many differences between things.）⑬

「差異」——許多事物之間差別的「比較」——「不同一」，是因爲我們由感官視覺中能得到的那種愉悅之愛，在生理外向的感覺世界中，才知道和完全明白的。然而，那種愉悅之愛的生理生命向外的追求，才發現了的自然世界的差別層次；請問：又能不能孤立於那種愉悅之愛的生理生命向內的「審察」之外呢？這種向內「審察」的生理生命所產生面對外在世界各種不同——「不同一」的感覺，并經由「審察」透過感官知覺、記憶、經驗、想像、和理性的連續活動階段，才達到最高的「比較」形式。亞里士多德自己在科學分類，自然（Nature as self-moving），四因，科學知識，四種賓詞與十範疇，主謂邏輯等問題上的成就就是這樣建立起來的：「比較」——高度綜合整體結構的「比較」。

「比較」——一定要從兩個以上的對象之間的「差別」之辨識與區分開始。我們要把科學建立在哲學的基礎之上，必須從科學的方法——觀察、分析、綜合、分類以經過實驗的程序而進行其系統知識的獲得。但是，數學用演繹法，生物科學與物理科學等都要用歸納法，也就是說任何一門科學都有其不同的方法；哲學的科學方法，不但要貫通各種科學方法，而且由其「哲學的科學」之基礎本身，「更有其由分析的（Analytic），描述的（Descriptive）、解說的（Explicative）方法所引導而來的方法；採用此種方法的目的，乃在辨識（Discern）與區分（Distinguish）」⑫兩個以上的對象之間的差別——「不同一」。這個「差別」——「不同一」，既指不可置疑的事實，也指確實的事實，或指可疑的，亦指臆測的各種指涉等。「比較」——高度綜合整體結構的「比較」，在亞里士多德的《論靈魂 DE ANIMA（On the Soul）的三大卷中就曾討論到。他在「靈魂」中來討論：感知，感覺對象的種類之不同，外在感覺，常識，思維，理解，想像，心靈，心靈與感覺以及與想像的比較等。所以，他在《論靈魂》第三卷第三章四二九 a 說：Then imagination must be a movement resulting from an actual exercise of a power of sense. A sight is the most highly developed sense, the name phantasia（imagination）has been formed from ohaos（light）because it is not possible to see without light. And because imagination remain in the organs of sense and resemble sensations.「想像必然是一個在運作中的推動力，它乃是由於感官能力的實際操作所造成的結果。所以，一個視覺世界乃是感覺的最高發展。這個之名爲想像者，乃就在照見之光中得到形成；因爲沒有照見之光，要去看是不可能的。而且因爲想像仍然還是在感官的機體中與類似的各種感覺之中。」（本文作者譯）這也就是他在「形上學」A卷八九〇 a 中所說的指證——我們要從感官知覺的視覺向上層層升進的思維、理解、想像，心靈而到整個的靈魂，乃是在不斷的「比較」中才能入於靈魂本身，才能把知識以及生命條件的適當原則加以完成。平面心理學的「比較」，是平面的。高度心理學，立體心理學的「比較」，才是高度綜合整體結構中的「動性比較」；然而，仍然還沒有，還沒有入於高度綜合整體結構的存在本身。

所以，「比較」——知識的思考，不僅是「平面」的與「高度」的，更是整個文化心靈的綜合整體結構的「立體」比較。我們在這樣的一個「知識性」思考中，也許比較的能使我們對「比較」的探索更完整些。蘇格拉底的「反詰法」就是「比較」方法的理性的動力運作，他把知識建立在概念之上。「概念——便是歸納地比較同一種類的無數例子而得到的知識：定義。所以蘇格拉底把知識和概念認爲相同，一個概念差不多就是一個定義。」⑭所以，歸納，概念，定義等的理性活動，未有不是在「同一的」——「比較」的思維中向「不同一」的層層推進；而演繹乃是把一般原理應用於特殊的事物，這是從歸納的由特殊的事例推得的原理而來，這又是兩重「比較」思維的導向運作。至於，柏拉圖的「理型」哲學不僅是赫拉克里圖士（**Heracletus**）「變的——不存在哲學」與與埃利亞學派（**Eleatics**）「不變的—存在哲學」的比較綜合，而且是他以前的哲學的高度綜合整體性結構的存在本身的比較；在他的哲學中，都可以看到他以前哲學高度的正反比較的「同一」的與「不同一」的影子。**F.A.**

Lange（朗格）在他的「唯物論史」第一篇第三章談到柏拉圖說：「對於蘇格拉底——必定有確實的知識這一觀念，卻是指導他全部努力的北斗星，他心甘情願破壞僞知，組織一個可用來區分眞知和僞知的方法，并使用這方法爲眞知闢一道路。他相信事物有普遍的本質，相信現象的經過中有靜止的極點。他在蘇格拉底諸定義中及其所表現的事物的普遍本質中，發現某固定的事物時就把這學說和赫拉克里圖的要素結合。個別事物是轉變的，現象是流去的；存在才是永久的，不變的。柏拉圖從蘇格拉底受取的邏輯要素，在他的手上，是更爲發展。在柏拉圖手上，我們第一次發現類及種，同位概念（同一的）及等差概念（不同一的）之明白的表象。他很喜歡應用此等新結果，依分類法之助，而在研究對象上投射光明與秩序。」⑮這就是柏拉圖哲學是高度綜合整體性結構的存在本身的比較。這個「比較」：柏拉圖又是把它放在「數學的始基，就是一切存在的始基」之上。（張肇祺：美學與藝術哲學——西方美的血緣學——柏拉圖的美學——一、理想「美」的建立；哲學與文化月刊第八卷第六期，民國七十年六月）所以，「比較」就是：人——「問了一個理性的問題，而能給與一個理性的回答的存在。」⑯這才是人的高度綜合整體性結構的存在本身的——「比較」。

三、「比較」——的方法之形上探本與運作意義

「比較」——依我看來：它不是一種已經老了的方法；它是一種「原始反終」——「從流溯源」的來回層疊比較方法。這種來回層疊比較法，既是發生的比較方法，又是回到本身的比較方法——現象定位、單位現形、本質還原——純粹主體本身：「意向——意識——超越之互爲主體的純粹意識。」（請參閱鄔昆如教授「胡塞爾現象學」）。故中國九家易謂：「陰陽交合，物之始也；陰陽分離，物之終也。」⑧虞翻注曰：「以乾原始，以坤反終。」⑧故凡物之始與終，乃時間比較系統也；而凡陰陽之交合與分離，則物之本質存在在形上之空間中的比較系統也。故「原始反終」之陰陽交合的比較心靈，是在「從流溯源」之陰陽分離的比較方式之中，入於形上存在本身所展開於宇宙中的動力比較。此「比較」——從「太極」中的「陰陽」二質之比較而來，故「以乾原始，以坤反終」成爲一個「乾坤」的「原反」（推之於前之理）的比較系統。這是一個形上的比較思想之根本模式。至於「從流溯源」則是一個宇宙結構的現象定位，回到本質本身的單位現形的「比較」方法。故王船山謂：「原，有本而生也；反，歸諸其故也（反之也）。陰陽之見乎卦象者，其自下生而來也，非天本極於上。而且，終其往也，非消散而滅。八錯，二十八綜，具乾坤之全體，以相互屈伸，故資始無窮，而要歸可以繼起。」⑰故形上存在在宇宙結構中所展現之「時空」比較系統，從形上存在太極中乾坤二質之數，以相互屈伸之動力比較展現於周易——象的符號世界中的陰陽之「八錯」、「二十八綜」之「相待」的無盡比較系統中，以見乾坤之根本比較模式之所以爲「生生」動力的比較者——此「要歸可以繼起」也者，乃一「生生」生命宇宙的空間擴延的無窮，與時間綿延的無盡之比較心靈的充塞於天地之間也。故中國人從「易」之——「太極」而來的天地「陰陽」——「乾坤」：「健順」、「剛柔」、「動靜」、「闔闢」、「成象」、「效法」、「大生」、「廣生」、「資始」、「資生」、「向背」、「強柔」、「明幽」、「實虛」、「有無」……就是一個中國人「生生」生命從形上存在本身到宇宙的整體存在：「易」的「生生」生命比較系統的整個心靈之立體存在。這個中國心靈的「比較」方法之形上探本的考察，我們也許可以把它作爲「比較」的——方法的：形上性之根本所在的考察之探測。

因爲，「比較」——不僅是「The act of discerning or describing the common properties possessed by two or more objects.」⑱「鑑別或敘述兩個或更多對象共同特性的行爲。」（本文作者譯）也不僅僅是「意識的一種內在的運作，由於它而建立了同和異。」（Alexandre perieteand）。因爲「比較」是要在「觀察——分析——綜合——分類」的「歸納」程序中來進行的。「比較」要以對象爲根據，其進行必定要蒐集對象的事實，然後去理解它以進行比較；故在進行上必須分析、綜合、分類以作出「比較」——此所謂：「仰則觀象於天，俯則觀法於地，觀鳥獸之文，與地之宜：近取諸身，遠取諸物，於是始作八卦，以通神明之德，以類萬物之情」⑧。因為分析就是分解和區分，綜合就是將分析的還原為整體，分類就是異同的排列，「比較」就是在「分析——綜合——分類」中發現其「內外——上下——左右」的整體關係；從整體關係中去了解對象的普遍性與特殊性。普通性是這一對象的內函，不同的特殊性是這一對象的外延。因為依概念的內函確定其意義就是給概念下一定義，依概念的外延確定其意義就是確定一概念，應歸屬的種類。這完全是「比較」方法在邏輯中的不同運用。所以，定義與分類是「比較」的隱與顯之運作。判斷是對一事物的性質，及其與其他事物關係的論定；此非「比較」則無由進行。故此一判斷表現為眞或妄之意義於「主——謂——系」所構成的命題時，則：「比較」——的意義之所在始完全出現，所以主謂命題的四種形式，都是「比較」的意義之指謂。因為一般是主詞居前，謂（賓）詞居後，系詞居中；主詞表示殊相，謂詞表示共相，用共相去論謂殊相，即是一命題。命題，完全是「比較」思考在意義上的完成形式。至於，關係命題，存在命題與非存在命題，分析命題與綜合命題，簡單命題與複合命題，都是「比較」思考在時間的綿延與空間的擴延的各種結構中，抽離為思考本身的「分——合」的對向發展以「審問、愼思、明辨」其對象的存在問題。歸納、要比較；推理，更是比較的應用；不管是直接推理，類比推理，都是比較之隱與顯的應用。演繹推理，由普遍而推特殊，更是「比較」在概念中的特出應用。歸納推理，是以現實世界中可經驗的具體事物爲研究對象；這個對象不是理的本身，而是理的本身展現在具體事物中的理。我們從現實世界可經驗的個別事物中，經過觀察、實驗、與分析以抽出其共通性，作成一個普遍的概念，這就是經驗科學中的定律或類概念。這是由特殊求得普遍，與由普遍以求特殊是截然不同。所以，歸納推理，是「比較」在經驗科學中的應用；演繹推理，是「比較」在規範科學中的應用。這一個觀點，可作爲「比較」的——方法的本質之根本所在的考察之探測。

人，在文化創造中，從「火」的發現開始，就在使用「比較」的思考方法；「比較」——是人的「心靈」對外在環境和整個自然的心理對應與等差結構以及自然秩序，社會秩序、藝術秩序、道德秩序的不斷了解；甚至，可以說是「秩序」的發現與建立。人，從在宗教思想本身的「比較」思考，到哲學思想本身的「比較」思考；尤其，當人將哲學思想在主謂邏輯的習慣思考中，對向自然，也即是從希臘人將心靈投向自然的二分比較思考而到近代所形成的「自然二分法」的比較思考方式，都是「比較」的思考方式在「自然」中的一種運用。亞里士多德的主謂邏輯哲學的「自然」思想，就是歸納與演繹在「比較」的思考方式中雙重運用；他面對自然對象——作歸納的比較思考，他面對自然對象的思想本身——作演繹的比較思考；他的哲學，他的自然哲學，他的科學，他的邏輯，他的方法，可以說都是「比較」思考在「自然」、「本質」中的運作建立。他不像他的老師柏拉圖是「比較」思考在「自然」中之「形上」性的創造。這兩個人，在西方文化的歷史中，柏拉圖是西方人面對自然——在「比較」的思考方式中，創造了西方哲學、自然哲學、科學的「模式思想」；亞里士多德是西方人面對自然——在「比較」的思考方式中，建立了西方哲學，自然哲學，科學的「結構思想」；是這兩個思想：模式思想與結構思想——才把西方文化的基礎完成；此二者，兩種的「比較」思考，形上性的超越「比較」思考的本質性的結構「比較」思考，就是「比較」思考在西方文化以後的演進中，所以能發展出來一套對自然方法之精確性的先設原理與運作原理。我想，假如沒有了這兩套原理，西方在人類文化上的科學成就，恐怕就很難有今天這個面目。所以這并不僅僅如Westaway在他的《科學方法論》的大著中說：「柏氏對於科學之性質知之較爲準確，亞氏對於科學方法之觀念較爲準確。」⑲而已。雖然，Cassirer在他的**An Essay on Man**中說：「科學，是人類心靈發展的最後一個步驟，并且可以把它當作人類文化最高和最具特色的成就看待。它是一個非常後起而精美的產物，除了在特殊的條件之下，是不能發展的。」然而，假如沒有柏拉圖哲學的自然先設原理——在「比較」思考中的創造的「理型」的模式先設原理，假如沒有亞里士多德的自然運作原理——在「比較」思考中建立的「分類系統範疇」的結構運作原理，其特殊條件又何由出現。甚至，科學概念在其特殊的意義之下，沒有了這兩套自然原理，實在很難出現。至於文藝復興時代的重被發現和重建，以發展出今天的「科學」成就，就是由這兩套自然原理的思想型式與思想結構所打下的基礎。

這個就是牛頓新觀念的來源之生長所出者。布羅諾斯基（J.Bronowski）在他的《科學與人文價値》一書中說：「這是牛頓的新觀念，他認爲可能就靠著地心引力，才使得月球保持它的軌道。那時他立即演算地球對月球引力的大小，并將之和已經知道距離的樹頂所受引力的大小來『比較』，兩者的力量竟是符合。牛頓簡明地說：『我發現它們的結果很相近』然而也只是相近而已，相似性和近似値不可分，因爲沒有一種相像是確切的。在牛頓的這句話中，現代科學完全成長了──它由『比較』中成長；它在兩種並不相像的外觀中抓住了一種相似性。」[20]

而且，當代的一位大哲學家 Whitehead就是一個最好的證明：在他的哲學中，這兩套原理：自然原理──㈠自然先設原理之「理型」的模式，㈡自然運作原理之「人類系統範疇」的結構；是同時存在於懷黑德的哲學中。所以 R.G.Collingwood在他的The Idea of Nature一書中對Whitehead的「自然」概念的看法說："Nature for him consists of moving patterns whose movement is essential for their being"。而且"Nature of Whitehead, is not only organism, it is also process"，前者——Nature consists of moring patterns, 就是從自然先設原理之「理型」的模式而來；後者——Nature is not only organism, it is also process，就是從自然運作原理之「分類系統範疇」的結構而來。

當然，「在我們現代世界中，再沒有第二種力量可以和科學思想的力量比美，它被持爲我們人類一切活動的頂點和完成。」（Cassirer）然而，這個文化的中心點之一：「科學思想」——在今天從柏拉圖模式思想的理型世界在價值上之要求定位來看，從亞里士多德結構思想的形式世界在倫理上之要求實踐生活來看，是不是都已經走得來距離它們太遠太遠了呢？今天的科學，要不要回應自然模式思想的價值定位與自然結構思想的實踐生活呢？這個問題的回答，就在人類自己的選擇——智慧的選擇。人類在今天已到了：不能只在知識中「賽馬」，而不進入智慧之門的時候了。眞的，一個不知道時間的重要之人，又如何能進入智慧之門呢？

四、一個廣大的「比較」——超越的比較心靈

因爲，「一般」都認爲——邏輯是一個規範的科學（a normative science）（邏輯思想本身，自有其形上基礎），它的規範就是用來區別正確形式的思想與不正確形式的思想：一個是形式邏輯（formal Logic），一切正確思想的普遍形式的形式規範原理；一個是應用邏輯

(Applied Logic)，一切思想方法之普遍討論的方法學(Methodology)，也就是把思想的規範應用於各個特殊科學所使用的方法之規範的研究。總之，它是——條理的把握，秩序的把握。所以，邏輯要在「條理」中，「秩序」中探索思維的作用與作用的結果。思維作用，從本質上看，是要有方法的。思維作用的特徵要同時表現在科學與藝術的方法之創造與指導上，也是它們的形式構成者與分析者；特別表現在哲學思想本身的構成形式與分析形式。所以，思想在人類生活中的組織功能之發揮的程度乃在於對方法的自覺程度。故孔子謂：「工欲善其事，必先利其器。」孟子謂：「始條理者，智之事；終條理者，聖之事。」然而，在方法的使用中，有兩點：一點是所使用的方法是因各個科學、藝術與哲學的不同而不同，一點是在各門學問中的要紐之特點上，其所使用的方法又具有方法上的共通性。因此，對於——「方法」的：「比較」研究，乃成爲一門獨立的學問，有其構成本身體系的條理與秩序。是以，在西方當埃里亞學派(The Eleatic School)提出辯證的問題時，辯士學派們(The Sophists)提出爭辯和勸誘技術應用的探討時，西方人始了然於「正當思維方法」的普遍研究之重要。所以，從蘇格拉底、柏拉圖，到亞里士多德所建立的各個科學(希臘意義的科學)的系統體系中，乃是從思維作用的普通方法學——邏輯：「規範的科學」這一個意義上所開始的。因此，邏輯是從投入對象的「比較」的思維中，探索思維規律或秩序的普通科學，也就是對於任何具有規律或秩序界域的——「實在」，或「理想」的對象之形式的知識理論的研究。在方法的進行程序中，是要以「比較」爲了解對象的獨特性，同時又要以「分析」爲進入對象的類屬性。因此，也就不得不在事實的選擇與集合，材料的排列與分類，觀察與試驗中，進行「比較」——與「分析」來達到綜合與概括以找出其假設與定律之可能性。這都是從邏輯在「比較」的心態思維中，對於構成思維的規範和方法之形式的追求而來的心靈探索。

所以，在西方，凡是思維的正當方法都是從一個不自覺的「比較」心態中，找尋：1.界定——「定義」的適當方法開始，而到2.有系統的分類工作，以二分法去把一個大「類」分成它所包含的各「種」，3.對於繫屬於某些「命題」的證據之細密研究，4.對「推理」型式之特別考察。然而，這一切，都是在「比較」思維心態中去進行所建立的。總之，西方邏輯思想的基本三規律就是建立在：從「比較」而來的——二分法之上的。因爲：在a等於a，a函a的思想規律中，就已包有了既是a而又不是a乃是假的，既是a而又不是a就等於零的比較思想規律，與不是a就是非a，不是非a就是a，沒有第三者的比較思想，a加非a等於全體的既排斥而又窮盡的二分整體結構比較思想規律。因此，一個定義就是一個共相；但是，還要加上在這共相之外的一切的非共相的殊相，才構成了一個全體的比較思維方式。

所以，共相與非共相的殊相之概念的內函與外延都在「比較」的思維中去進行而建立的。所以——「分類」，要採取最精密的「比較」——二分法來進行，才能把所界定的定位應用於新的事例，而始能找出其不一貫的地方；如此才能不斷改進，以包括更多的普遍的精髓，而指出：概念——抽象的定義，不僅是抽象的；它對於具體的包涵得愈多，則才是更眞實的抽象。總之，從蘇格拉底用比較歸納法所形成的概念的知識，到柏拉圖以之發展的比較形上體質的理型理論，而到亞里士多德的自然的比較形式理論，所指出的意義中，已存在著一個方法學上的意義：這就是在方法進行的程序與手續中，乃在於那些思想的對象——的「比較」的客觀秩序與系統之完成：現象定位、單位現形、本質還原、純粹意義本身、存有的沖穆無朕。從蘇格拉底的概念學說，到柏拉圖的理型學說，而到亞里士多德的形式學說的這一條線索，就已經確然指出了：邏輯學家要眞能夠找出一種正確而又有普遍效力的方法的話，就是因爲他在思想時所考慮的某些對象——無論它們是定義，分類，區型，關係、命題、推理、數目，或其他的要素與原則所構成的條理或秩序的系統，就是這些系統的構成形態已經預設了他思想時所必須遵守與使用的方法。從這一點，我們可以看出——從形上學而來的純正方法理論到一個條理或秩序的系統之建立間，有一個深切的聯繫；從這一個聯繫中，我們面對當今科學所暴露的缺點與危機，就已告訴我們必須是從知識的「賽馬」中進入「智慧」之門的時候了。所以，從一個條理或秩序的系統而到方法學，上達形上世界時，我們所要追求的乃是一個價值的理想世界——超越的比較心靈之入於知識、宇宙、存有、價值的會通存在的立體建築中。

當然，我們要面對自然，在自然世界所獲得的知識，是經由所謂歸納，並且根據所謂經驗事實而得來的。然而，科學的歸納並不僅僅只是把粗糙的經驗事實記錄堆積起來而已！因爲科學的一個根本要求是在掌握事實的系統，而且在各種科學所用的許多方法中間，有些方法就是以達到此一要求爲目的所具的手段。所以，每個科學在處理經驗事實時都要用分類的方法（Methods of Classification）；所謂「類」，乃是以共相爲標準，不論實虛，皆以殊相爲分子，用共相貫穿殊相，形成一個抽象的比較構造；所謂分類的方法，乃是指區分（Division）與歸類兩個程序的比較：區分——是把一概念所概括的分子，依肯定否定的對偶性原則分爲既排斥又窮盡的兩類比較，自上而下，如是連續分去，直至無別爲止，這就是亞里士多德的二分比較法；歸類——是在分析許多個別事物中去比較，抽出其共通性，以總括之，作成一個上位概念，以概括其所分析的各事物之比較，作爲其中的一分子，自下向上，如是連續歸類比較，至於無窮。然而，在每一新科學的發展中，有一個階段，分類是它最大的特徵，因爲研究者，這時對這一門學問的內在知識，還沒有建立起來。但是，在經過「比較」

的研究之後，「分類」的方法則成爲更高級方法的附屬條件之。一門科學要從「分類」的階段進入一門獨立而又高深的「系統」學問，是要經過長久的「比較」研究之艱難階段，才能超越「分類」而入於這門學問「系統」本身的無窮比較而超越之，始能求得其自己的方法。

因此，一門科學由初期分類的階段的跨越到更高級的疆域時，有兩種方法在研究者的進行中，各自獨立的，或更相聯的被使用著。這兩種方法就是：1.對於這門學問在不同階段的各種的不同的「相互比較」的方法。2.用準確的枚舉（enumerations）作爲歸納的根據以構成「統計」的比較方法。

「比較」——的方法，在科學或其他的學問中之所以佔著極其關鍵性的地位者，是因爲它帶領著科學或其他的學問由分類的初級階段進入更高級的知識領域，而更使之成爲一個獨立系統的學問。從「比較」的方式去研究一門，或幾門學問，是開發這一門，或幾門學問的鑰匙，更是探尋神秘的獨特幽徑。我們可以在「比較」的研究方式中，找出它們彼此之間相當的系列關係，而得到新的了解與方法。所以，成系列的比較研究，相類的比較研究，是「發現」層出不窮的知識世界之神秘的鑰匙和必須通過的一條幽徑。

因爲科學，或很多其他具有卓越的「眞知灼見」的學問，都是開始於分類的比較，而不是成熟於分類的比較。自然科學的研究，要從「比較」的——分類的比較開始，其他的任何知識與學問，如要眞有所成就，也未有不是從分類的比較研究開始；只是：有的在他的知識建立中表達了出來，有的則不把它表達出，甚至將之化於其知識與學問的本身之中，不易爲人所察覺而已。譬如孔子的刪詩書，訂禮樂，贊周易，作春秋，自稱「述而不作」，是他已把他的學問「化」在對中國先聖哲王的典籍的「分類」比較工作中了，故其語人曰：「若聖與仁，則吾豈敢。」（述而）就是在莊子的「天下篇」中，其「分類」比較的功力與「創造比較」的動力更爲中國學問立下了典型的範例。至於淮南的《要略》，太史公的《自序》，漢書的《藝文志》，文心雕龍的《原道、徵聖、宗經、正緯、辨騷、明詩。》隋書《經籍志》，劉知幾《史通》、鄭漁仲通志《總序》與《校讎略》，宋元學案，明儒學案，清儒學案，四庫全書序目、朱彝尊《經義考》、章學誠《校讎通義》與《文史通義》、江瑔《讀子卮言》、劉師培《國學發微》、張爾田《史微》、孫德謙《太史公書義法》等，莫不皆然！此所謂不入校讎學或目錄學之《比較》，終不能入中國學問之門——此皆知識或學問的「分類」比較工作之「比較」的研究之重要所在者也。故老子世爲史官，乃周之守藏史，掌數千年學庫之管鑰而司其啓閉，以其身爲一個國家圖書館的館長，其分類比較的研究，能過之者，難也。然而，在老子的五千言中，已盡洩天地之秘密，集古今之大成，其「分類比較」功夫與「創造比較」功力之痕跡已不可見，學者宗之；故老子之超越思想的原創力的高度，其表現乃從數千年典籍之分類比較的創造而來。而且，我們要領悟一門學問的流變與其演化以及其功能系統和它的自身，只有「比較」——的方法才能把它的流變、演化、功能系統的各個階段相互關聯起來，以看出極不相同的現象的後面，有一個廣大而又根本的「統之有宗，會之有元」的力量的自身，展現爲各種不同的條理與秩序，以呈現出不同的層次與階段。「比較」——使我們從一個廣大而又根本的力量自身中，根據「分類」，把不同的條件與秩序，以及不同層次與階段的貫串成爲一個縱橫貫通，廣大悉備的和諧體系。萊布尼茲的整體生命動力機體和諧哲學，就是在理性與非理性、自然與非自然、生命與非生命、知識與非知識、邏輯與非邏輯，眞理與非眞理的整體比較中，建立起來的。

五、自然的一體性：乃在實在本質的機體存在——「巨視」——「細觀」之整體比較心靈的超越

比較方法與統計方法，在很多時候聯結使用；但二者之間，有許多的過程存在著。在其中所研究的每一個對象，都要把事例之準確性以枚舉的方法來加以比較。枚舉，在統計上的枚舉，是要藉此而能夠精密的運用比較方法，以使所研究的對象都能互相關聯起來。統計的方法，是要爲我們找到它們之間關聯的規律，或它們之間的秩序，從規律與秩序中找到它們

的「自然的一體性」（Uniformities of Nature）易言之，我們要在統計法使用於各種對象中，找到它們的「一律性」。

這個「自然的一體性」，是包涵在自然系列現象的互相關係之中。統計法，在比較的思考中，如使用得當，就可以用來敘述某種對象的構成情態，一般類型的集合對象。這個集合對象，已是一個概念的對象，乃是經由我們認知許多個經驗事實，所受某一種思想作用的支配而得之認識的對象。不過，由統計方法和比較方法所發見的自然律，不是絕對的，而是相對的，亦是或然的。當比較的各種方法與統計方法的使用，獲得成功時，就是我們要把理論的方法與觀察的方法，有組織的聯合成爲一個首要方法的階段；然而這個首要的方法，又是依靠有條理或有秩序行列之思想對象的普遍概念，與其從屬的系列，系列關係，和特別系列的概念，如量的秩序系列等。

這就是Whitehead的「所謂近代思想的新面貌就是對於普遍原則與無情的客觀的事實之間的關係發生了強烈無比的興趣。思維是抽象的，而理智對於抽象思維的偏執運用卻是它本身最大的缺陷。有兩種方法可澄清這些觀念：一種是運用身體的感官作冷靜的觀察，但觀察是具有選擇性的。因此，用觀察法時如果某種抽象方式能在很廣的範圍內獲得成功，我們很難超越它；另一種方法，是把各種穩固建立在經驗基礎之上的抽象方式加以——『比較』。

這種——『比較方法』的形式在要求運用理性。對自然秩序的的信念，使科學得以成長；這種信念不能以歸納法的概括來證明，它源自我們直接觀察自身的實際經驗所顯示的事物本質。我們作爲自身而存在時不僅是我們自身而已，事物的細節必須放在整個事物的系統中一起觀察才見其本來面目，這種事物系統包含邏輯理性的和諧，與美感境界的和諧，邏輯的和諧在宇宙中係作爲一種無可變易的必然性而存在，美感和諧則在宇宙中作爲一種生動活潑的理想而存在，并把宇宙走向更細膩，更微妙的未來所經歷的斷裂過程熔接起來。」㉑我們從懷黑德這一個全面而又整體自然觀點中，回頭來看培根的「人是自然底僕役，和解釋者：他藉著觀察和反省得以窺見自然底秩序。」（新工具）這實在就是一個多麼原始，而又動人的觀點。

我們再看笛卡爾的：1.明白清晰的自明律，2.分析律，3.綜合律，4.檢證律，和以數學形式爲一切知識的形式——這一個「眞正的」捕捉自然的起點，而透過穆勒的五法，我們就已看到——「比較」方法與「統計」方法之間，理與數之間的那條銀河又何其幽邈深厚：我們如只站在「比較」方法的運作中去運用統計，是不夠的；我門如以爲統計方法就是比較，那就是更不可想像。我們如何在一個廣大的「比較」——心靈中，去運用「統計」法和數，不僅是邏輯的和諧，更是美感境界的和諧所透過的「各種穩固建立在經驗基礎之上的抽象方式加以——『比較』，這種『比較方法』的形式，在要求運用理性」所顯示的事物本質之無盡的美眞善的普遍存在之上。總之，「比較」——的方法，并不僅僅只是一條鞭式的心靈歷程在一個「封閉的自然系統」中去「打洞」而已。

所以懷黑德在他的《自然的概念》一書中的「自然二分法的理論」一章就已經說出"The Primary task of a philosophy of natural science is to elucidate the concept of nature, considered as one complex fact for knowledge, to exhibit the fund-amental entities and the fundamental relations between entities in terms of which all laws of nature have to be stated, and to secure that the entities and relations thus exhibited are adequate for the expression of all the relations between entities which occur in nature"（P.46）「自然科學的哲學之主要工作是解說自然概念，把它作爲一個叢結事實的知識來考慮，而且呈現出各個基本實有物（實質）與基本的相關關係之間，其實有物（實在本質）這一名言系統之所指，是要在所有的自然律中加以陳述；而且在獲得各個實有物與相關關係之間所呈現出來的，就足以表達自然中所顯現的實有物之所有的相關關係。」（本文作者譯）這完全是在一個高度整體比較心靈中所呈現出來的：比較的——叢結事實的知識，才能指出基本的「實有」既是形上的存在，也就是在經驗現象中的顯現，它們的一切基本相關關係，都在比較的叢結事實之知識中，表達出自然的所有相關關係的實在本質，而成爲一個機體的整個存在。

從這裡，我們就不難了解康德在他的《實踐理性批判》之結論，一開始就說"Two things fill the mind with ever new and increasing admiration and awe, the oftener and more steadily we reflect on them, the starry heavens above me and moral law within me."「仰瞻天體炳耀的星群，在我的頭上；內撫莊嚴的道德法則，在我的心中。這兩者，都在我心上充滿著。我們愈加迴環靜省，我們就愈會在那種贊仰之情，與敬畏之感中，油然而起，沛然而興，新新不停，生生相續，增長不已。」（本文作者譯）這又是不是超越的比較心靈，在詩的語言中，高度顯現永恒生命的無窮上達，以入於存在本身之美呢？這就已表達出比較方法的形上探本與運作的意義之所在——乃在：心靈的知識之比較考察，必得從比較心靈的立體生命之透視中，把細視與巨觀同時展現出來的——這才是一個人類整體比較心靈之超越：「意識、時間，與存在形成了三位一體」（請參閱鄔昆如教授「胡塞爾現象學」）的形上探本與運作意義之比較心靈的超越之所在了。

【註釋】

① 小戴禮記：學記。

② 李鼎祚：周易集解。

③ 張載：正蒙，大心篇。

④ 十三經：周易正義。

⑤ 論語：堯曰。

⑥ 十三經：尙書、洪範。

⑦ 老子：道德經。

⑧ 周易：繫辭傳。

⑨ 周易：說卦傳。

⑩ 文史通義：易教下。

⑪ 笛卡爾：哲學原理。

⑫ William Hoerber,《哲學的科學基礎》

⑬ Aristole,Metaphysics Book A(I)1980a. English trans. by W.D.Ross,The Works of Aristole.

⑭ 斯塔斯著慶澤彭譯：批評的希臘哲學史，p.p.102—122。商務，民國二十二年版。

⑮ 李石岑譯，中華書局。

⑯ Cassirer, An Essay on Man.

⑰ 周易內傳，卷五。

⑱ Runes, The Dictionary of Philosophy.

⑲ 徐韋曼譯，商務萬有文庫本。

⑳ 陳揚瑛、蔡仁堅譯，景象出版，34.頁。

㉑ 傅佩榮教授譯：Science and the Modern World《科學與現代世界》。

（本文曾刊於《哲學與文化》月刊第十六卷第六期七十八年六月）

跋

這本「治學的基本方法」—是我十多年前在中國文化大學哲學研究所所開的「研究方法」這門課的「導言」。在這個「導言」中，我採取先師東美方公所說的三種治學—研究的態度來層層展開探索，以追求步步上達。

這個「導言」，能成爲一本書出來，完全是由於傅佩榮兄與胡幼峰嫂夫婦教授二人在主編青年日報的「中西文化」專刊版時，要我寫的一個系列的文章。這個「研究方法」的「導言」—「治學的基本方法」，在連載中，佩榮兄去美國耶魯大學攻讀博士學位，「中西文化」版就完全由幼峰嫂負責。我的這篇連載文章，也就在幼峰嫂的煩勞編務中登完。想不到此文刊出後，一幌就已經快十多年。

本來，此文刊出後，讀者們不斷要我印成專書出版。但我想一想，都謝卻了。現在，更想不到，此文在登出快十年後，卻由李煥明先生的「一切都由他負責」爲我出書的處理下，乃在文史哲出版社發行人彭正雄先生趕著要把這本書印出來與讀者見面。

眞想不到，這篇「治學的基本方法」，在快十年後，卻印成「書」，呈現在讀者面前，始有這一個向「知之者，好之者，樂之者」的朋友們請教的機會。因此，我更不得不對促成這本「書」出來的朋友們，表達我個人衷心的感激無盡，特別是—青年日報與它的：陳霽社長詮岡兄和副刊主編李宜涯教授。現在請讓我在此說聲：通通謝謝！

——中華民國八十二年（一九九三）四月四日，張肇祺於臺灣・台北・大屯山下「結廬」——